大家小书

语言与文化

罗常培 著

北京出版集团公司
北 京 出 版 社

图书在版编目（CIP）数据

语言与文化 / 罗常培著 . — 北京 ：北京出版社，2016. 7

（大家小书）

ISBN 978-7-200-12068-4

Ⅰ. ①语… Ⅱ. ①罗… Ⅲ. ①汉语—语言学—研究②中华文化—研究 Ⅳ. ①H1②G122

中国版本图书馆CIP数据核字（2016）第076978号

总策划：安 东 高立志　　责任编辑：楼 霏 刘 娜

· 大家小书 ·

语言与文化

YUYAN YU WENHUA

罗常培 著

*

北 京 出 版 集 团 公 司
北 京 出 版 社　出版

（北京北三环中路6号　邮政编码：100120）

网 址：www.bph.com.cn

北京出版集团公司总发行

新 华 书 店 经 销

北京华联印刷有限公司印刷

*

880毫米×1230毫米　32开本　8.75印张　144千字

2016年7月第1版　2018年9月第3次印刷

ISBN 978-7-200-12068-4

定价：42.00元

质量监督电话：010-58572393

語文發展和社會發展聯系起来加深我们的研究

吴玉章

一九五十年一月

（吴玉章为本书题词）

序　言

袁行霈

“大家小书”，是一个很俏皮的名称。此所谓“大家”，包括两方面的含义：一、书的作者是大家；二、书是写给大家看的，是大家的读物。所谓“小书”者，只是就其篇幅而言，篇幅显得小一些罢了。若论学术性则不但不轻，有些倒是相当重。其实，篇幅大小也是相对的，一部书十万字，在今天的印刷条件下，似乎算小书，若在老子、孔子的时代，又何尝就小呢？

编辑这套丛书，有一个用意就是节省读者的时间，让读者在较短的时间内获得较多的知识。在信息爆炸的时代，人们要学的东西太多了。补习，遂成为经常的需要。如果不善于补习，东抓一把，西抓一把，今天补这，明天补那，效果未必很好。如果把读书当成吃补药，还会失去读书时应有的那份从容和快乐。这套丛书每本的篇幅都小，读者即使细细地阅读慢慢地体味，也花不了多少时间，可以充分享受读书的乐趣。如果把它们当成补药来吃也行，剂量小，吃起来方便，消化起来也容易。

我们还有一个用意，就是想做一点文化积累的工作。把那些经过时间考验的、读者认同的著作，搜集到一起印刷出版，使之不至于泯没。有些书曾经畅销一时，但现在已经不容易得到；有些书当时或许没有引起很多人注意，但时间证明它们价值不菲。这两类书都需要挖掘出来，让它们重现光芒。科技类的图书偏重实用，一过时就不会有太多读者了，除了研究科技史的人还要用到之外。人文科学则不然，有许多书是常读常新的。然而，这套丛书也不都是旧书的重版，我们也想请一些著名的学者新写一些学术性和普及性兼备的小书，以满足读者日益增长的需求。

“大家小书”的开本不大，读者可以揣进衣兜里，随时随地掏出来读上几页。在路边等人的时候，在排队买戏票的时候，在车上、在公园里，都可以读。这样的读者多了，会为社会增添一些文化的色彩和学习的气氛，岂不是一件好事吗？

“大家小书”出版在即，出版社同志命我撰序说明原委。既然这套丛书标示书之小，序言当然也应以短小为宜。该说的都说了，就此搁笔吧。

序　言

王　均

本书是一位开拓型的语言学大师罗常培先生撰写的一本探索语言与文化关系的小书，被认为是中国文化语言学的开山之作。

罗常培（1899—1958），字莘田（心恬），号恬庵，满族。他没有家学渊源的门第优势，全凭“玩儿命的苦干”，而成为中国现代语言学的奠基人之一，语言学界的一代宗师。他一生严格要求自己，热心帮助他人，热情培植后辈，披荆斩棘，不断开拓新的研究途径，成为语言学界众所公认的承前启后的学术带头人，是中国科学院语言研究所创所第一任所长，中国科学院哲学社会科学部学部委员。

从1928年起，罗先生曾先后应聘担任西北大学、厦门大学、中山大学教授，中央研究院历史语言研究所研究员，北京大学和西南联合大学教授，北京大学文科研究所所长等职。他对传统音韵学有深厚的功底，既熟悉古代和当代的音韵事实和研究成果，有自己的重大贡献，又关注国际学术界的新动向、新信息，对近人和西方汉学家的中国音韵学论著有锐利批判的眼光，因此在评介西方有关学术论著时，能一语中的。他在同赵元任、李方桂先生合译高本汉《中国音韵学研究》时，实际是边翻译、边增补订正，为原著者所钦服，也为翻译世界学术名著树立了良好的榜样。先生的强项原本是汉语音韵学和语音学，他用现代语音学的术语和发音原理将古人艰深难懂的"天书"，化玄奥为浅显，拓展了音韵学研究的新天地。一本七八万字的《汉语音韵学导论》（原名《中国音韵学导论》），八易其稿，整整经历了二十五年，才在1950年出版，他还想把它用语体文重新改写。他是一位真正看重"小书"的权威"大家"。

语言学的敏感和与时俱进的性格，使他每一本著作都有一个新的境界。例如，继《厦门音系》之后，1933年夏，先生到青岛，乍一遇见游国恩先生，就发现临川方言三个音韵特点，因而产生了第二部方言著作《临川音系》。他检索前人著作，发现七十年前英国传教士艾约瑟（Joseph Edkins）的著作所论过于简略，就自己努力垦辟这块土地。结合方志、史籍、族谱和已有论著，先生在完成《临川音系》研究的同时，写出方言与社会历史移民关系的论述《从客家迁徙的踪迹论客赣方言的关系》（见本书附录三）。这就是说，从20世纪30年代起，先生研究语言就已经不把研究的视角局限在语言本身的范围内了。

抗日战争期间，罗先生随学校南迁到昆明西南联大。在日机轰炸之中，先生想到费孝通先生在《关于功能派文化论》里说他老师马林诺夫斯基（B.Malinowski）教授第一次欧战期间在新几内亚之北、所罗门岛之西的一个叫做Trobriand 小岛上工作，使该岛成为功能人类学发祥地的故事，于是他把研究方向从音韵学和方言研究转向少数民族语言调查研究方面，尽量发掘云南这块语言学的黄金地。他不仅鼓励他的学生这样做，他自己也以身作则，调查了多种少数民族语言。特别值得注意的是：他不仅眼睛看着语言，更注意语言与社会、与文化的关系。他随时随地搜集资料，思考问题。他随时带领着他的学生们垦荒辟野，开拓前进（详见本书附录四）。

1939年至1943年，先生在西南联大中文系开训诂学课，他一改前人从古书堆里讨生活的旧习，参酌中外文献，把训诂学和词汇学、语义学、语源学汇为一体，建立了自己的体系。我们看到先生的部分手稿和卡片、夹页当中，就有古词语及其古音构拟以及某些材料的外文书写形式等，有古文献和国外文献中与本书有关的部分语言资料。可见《语言与文化》一书的部分内容，在先生讲授训诂学时已经着手酝酿。本书自序中先生也说："1943年夏天，在昆明西南联合大学主办的文史学讲演会，我曾用'语言与文化'这个题目公开讲演过一次，并且由马汉麟同学把讲演纲要记录下来；这本书的间架从那时起就建立起来了。"

1943年，先生应邀到云南大理县帮助重修县志。先生一面抽暇在大理中学找少数民族学生记录他们的语言，同时留意搜集有关文史资料。这就产生了连续在南开大学《边疆人文》和《边政公论》上发表的《论藏缅族的父子连名制》和《再论藏缅族的父子连名制》、《三论藏缅族的父子连名制》以及综合三文重订汇成的刊载在本书"附录一"的论文。这一论文确立了云南"南诏"族属是彝缅族的民家（白族）而不是侗台族的摆夷（傣族）的学术定论。我们从先生《苍洱之间》、《蜀道难》两本游记中可以看出：先生在他公差外出和旅游途中，当旅伴们游山逛水的时候，他却随时还在搜集语言文史资料，有时还得挑灯夜战，埋头抄写。友人也帮助他搜集。一有所获，先生往往狂喜欢呼，体现了一位全身心投入的执着学者广泛的学术兴趣和念兹在兹的趣味和毅力。

1944年冬，先生应邀赴美讲学，仍继续他的资料搜集工作。先生在本书自序里说："1945年旅居北美西岸的客来而忙（Claremont），每周末忙里偷闲地补充了一些材料，可是……始终没机会写定。"他的学生美国著名记者罗伯特·伊·沃克所写《罗常培在美国》一文里写道："在朴茂纳大学的年鉴上这样写着：'……东方语言的专家，同时也是学生习惯用语的专家（着重号是笔者加的）。他关于学生生活、学生用语、俚语等的研究是在学生饭厅、宿舍里的讨论会、晚会以及其他学生集会的场合进行的。到处有他的足迹'"；"朴茂纳大学校长伊·威尔逊·莱因，他本人也是一位国际知名的学者和大学校长，就说过：朴茂纳从来'……没看到一位外国学者这样如饥如渴地学习'"（《罗常培纪念论文集》第396、397页）。可以说明，本书许多材料也是先生赴美讲学期间先后搜集的。加上他在国内研究中外文献、调查少数民族语言时的札记和记录，取例赅括古今中外，尤其侧重国内少数民族和国外文化比较落后的民族的口语，从语言所反映出的文化因素，透视该民族的文化特点，形成了本书的框架和内容。这是先生从语言学的研究扩展到语言与民族文化关系方面的研究，从语言学跨进人类文化语言学的艰苦而坚实的探索。其目的是"给语言学和人类学的研究搭起一座桥梁来"。

可以看出，一方面，先生主动接受萨丕尔、帕默、布龙菲尔德、泰勒、马林诺夫斯基的语言学和文化学思想理论，体现了中西包容、互相补充借鉴的精神；同时他强调："语言学的研究万不能抱残守缺地局限在语言本身的资料以内，必须扩大研究范围，让语言现象跟其他社会现象和意识联系起来，才能格外发挥语言的功能，阐扬语言学的原理。"因此，当20世纪80年代中后期中国文化语言学兴起时，学者们没有忘记先生筚路蓝缕之功，把先生和这本著作称为"中国文化语言学的'先驱'和'开山之作'"。（见宋永培等编著《中国文化语言学辞典》，四川人民出版社，1993年；邢福义主编《文化语言学》，湖北教育出版社，2001年）

本书最初由北京大学出版部于1950年出版，当时印数有限，分送友好以外，很快就卖完了。1989年又由语文出版社重印。重印之前发现初版存在一些排印上的错误，还有些译名同现在通用的译法不同；还有因材料不齐而遗留的问题，在罗先生自存的一本里夹有好几位先生签注的意见。重印时曾请北京大学东语系汪大年先生仔细校读了一遍，并加上了邢公畹先生撰写的序文。在编辑《罗常培文集》时，我们又对重印本作了核校。收入"大家小书"的《语言与文化》依据山东教育出版社即将出版的《罗常培文集》第五卷核校稿排印。

目　录

一版序言

自从语言跟文字分了家，语言的地位让象形文字占了去，人已经忘了语言是劳动的工具。一个民族的文化跟所谓思想方式全是手跟发音器官联同创造出来的。人要是不能说话，就不会有合群的工作，也不能把劳动的方法传授给别人。比较复杂一点的机器也全都是手跟口腔联络着工作，才能制造出来。先有语言然后有文字。文字至多不过是古人劳动的记录。文字脱离了语言，脱离了生产，哪里还能代表一个民族的文化呢？

莘田先生写了这本小书，书名是《语言与文化》，不是《文字与文化》。这在中国还是一种新的尝试，可是成绩已经是很可观了。我希望中国人的研究语言从此走上了科学的大路，也就是走上了群众路线。中国文化是中国大众的生活方式，中国话（特别是汉语）是中国人创造文化、传播文化的工具。所谓“文物制度”、“书画琴棋”，那是少数人的。汉字也是少数人的。

我念了莘田先生的书，不由得想到我们这些研究中国文化的人是何等的可怜。比如我是研究汉语的语音史的，可老得在汉字上“钻点子”。前些年甚至于不敢把研究的目标说给人家听。莘田先生这书的内容大部分也还得在汉字上下功夫，因为中国话的历史全部是用汉字写下来的，除了少数民族的一些近代史料。

语言学的工作，它怎能配合上建国的事业，那得靠一些认清楚任务的人来继续努力，通同合作。中国话的条理，它的结构、范畴，究竟对于中国人的思想有什么关系，我们该怎样用语言的工具来改进中国文化，那工具本身该怎样修改，这些问题是极难回答的。

1950 年 1 月，陆志韦敬祝莘田先生成功！

一版自序

这本书前七章的初稿是1949年1月28日深夜，就是夏历戊子除夕，才完成的。当时北京虽已和平解放，但人民解放军还没开进城内。在我写完末一个字把笔撂下的当儿，真没想到在北京解放的周年纪念日，它会全稿印就，将要跟学术界见面了！

1943年夏天，在昆明西南联合大学主办的文史学讲演会，我曾经用“语言与文化”这个题目公开讲演过一次，并且由马汉麟同学把讲演纲要记录下来：这本书的间架从那时候就建立起来了。

1945年旅居北美西岸的客来而忙（Claremont），每周末忙里偷闲地补充了一些材料，可是一直被别的事情打岔，始终没机会写定。1948年过完北京大学五十周年校庆后，围城中无事可做，除了对于沙滩区同人的安全问题略效微劳以外，集中精力来写这本书。炮声和冷弹并没影响我“外愈喧而内愈静”的心理。记得当年长城战役促成我的《唐五代西北方音》，卢沟桥烽火促成我的《临川音系》；那时的心境虽然跟前年岁暮迥不相同，可是忠于所学的态度前后是一致的。解放以后我的思想意识逐渐地起了转变，对于这本书的看法也放弃了“为学问而学问”的旧观点。所以经过相当时期的酝酿和学习，直到前七章都快印好了的时候，才把第八章“总结”做成。

全书的内容、旨趣和观点，在“引言”和“总结”两章里已经交代过了，这里无需再多说。材料虽是从各方面搜集来的，但贯串编排却是我自己的初次尝试。不用说，形式和实质上的缺陷当然很多，还希望读者们切实批评，好让它能有进一步的改善。

让我首先谢谢吴玉章、陆志韦、向觉明、季羡林几位先生！承他们详细地校阅原稿并给了很多有价值的批评或改正。吴、陆两位先生为鼓励著者，还分别给这本书题字、作序。其他对于这本书的完成，直接间接有所帮助的，除了在书里已经声谢的以外，我还得郑重地谢谢王利器、吴晓铃、周定一、俞敏、殷焕先、张清常、陈士林、喻世长、杨志玖、齐声乔诸位先生！他们对于补充材料、审核内容、校对印件各方面，分别尽了相当的力量。全稿的抄写是由许建中、张立仁两个同事协助完成的。

本书的刊行承北京大学出版委员会曾昭抡先生、出版部李续祖先生和诸位工友们帮了很大的忙。它现在所以能够和读者提早见面，完全靠他们的鼓励和合作。我在感谢之余同时觉悟到个人力量的渺小和集体力量的伟大！

1950年1月31日，北京解放周年纪念日

罗常培序于北京大学文科研究所语音乐律实验室

再版序言

莘田先生的专著《语言与文化》，1950年由北京大学出版部出版，到今天已经将近四十年，而先生逝世也将近三十年了。语文出版社打算重排再版，叔湘先生嘱我写篇序，我自己也想趁这个机会写几句话，用来表达对先生的深切怀念。

王力先生曾在1979年的一次纪念莘田先生的会上说："有人说罗先生是'继往开来'，我认为'继往'不难，难在'开来'。他的成就是划时代的。用语言学理论指导语言研究以他为最早，当时这是新的道路。"为什么王先生说"继往"不难呢？因为萧规曹随，无所发明；偶有补苴，无关大局。当然，严格地说，能使学术传统不中断，余韵遗风，足以兴起后人，果能"继往"，也是不容易的。说"开来"难于"继往"，是因为"开来"要在"继往"的基础上要求进一步地创新。从学术整体的演进来看，"学如逆水行舟"，在原处不动，实际上是在往后退。

莘田先生在学术上的“开来”精神表现在这样三个方面：第一，从传统的文字、音韵、训诂之学的研究演化为语言学的研究；第二，从汉语方言学的研究发展到少数民族语言研究；第三，从语言学的研究扩展到语言与民族文化关系方面的研究。他的“开来”的精神还表现在对广大的后进的人们的辛勤培育上。

有些同志认为传统的中国语言学只是文字、音韵、训诂之学，语言科学是从西方移植进来的。这种看法把问题过于简单化了。文字、音韵、训诂之学本身不能不要求发展，要发展就只能走更进一步的“科学化”的道路。先进的西方语言科学能够“移植”进来（不是生搬硬套），说明传统的中国语言学具有可以接受这些先进理论的“内因”。换句话说，先进的西方语言理论只有跟中国语言学研究的历史和研究的实际相结合，才能形成语言科学的中国方面。莘田先生的生平治学道路生动地说明了这种变革与创新。

莘田先生对传统的文字、音韵、训诂之学功力深厚。在大学读书时，他从刘师培、黄侃、钱玄同诸先生学；在大学教书时所任的课大多数属于音韵学范围，当然也开过训诂学、中国文学史、经学通论之类。1928年，赵元任先生到广州调查两广方言。那时候，莘田先生正在中山大学任教，为了研究《广韵》，正在学广州话。在审音、记音以及音韵学理论上所遇到的许多问题，他虚心地向赵先生请教，解决了许多疑难。据赵先生回忆，他在南京中央研究院历史语言研究所跟莘田先生共事的时候，“一天总见面好几次。我们讨论的东西多半是关于语言文字方面的。我们的思想跟意见好些都很难分得出谁是谁的了。大致说起来，关于中国经典方面，他比我阅历的多；关于语言学理论方面，因为我跟欧美的学者接触得多点，所以我出的主意比较地占大部分。此外就很难分彼此了”。可以从莘田先生治学经历上看出传统的文字音韵之学跟语言科学理论相结合的过程。从《切韵闭口九韵之古读及其演变》、《切韵鱼虞之音值及其所据方音考》、《知彻澄娘音值考》、《〈经典释文〉及原本〈玉篇〉反切中的匣于两纽》等论文看，他已经从《文字学·音篇·形义篇》的境界中走出来，进入语言科学了。

1937年以前，莘田先生写的专著如《厦门音系》、《临川音系》、《唐五代西北方音》、《徽州方言调查》等大多是有关汉语方言的研究。抗战期间，莘田先生到了云南，他称云南是“语言学的黄金地”，开始写出《贡山俅语初探》、《莲山摆夷语文初探》等专著，并且收集了茶山、浪速、山头、民家等丰富的语言材料，可以看出他的治学道路已经从汉语研究发展到少数民族语言研究（详见本书附录四）。

1943年以后，他的治学道路又从语言学跨进文化人类学，其成果结集为本书——《语言与文化》。其中论及从语源看文化遗迹，从造词心理看民族文化，借字和文化接触，从地名看民族迁徙踪迹，从姓氏别号看民族来源和宗教信仰（特别是为研究藏缅族的“父子连名制”曾付出很多精力），从亲属称谓看婚姻制度等，都是很精彩的。

袁家骅先生曾说：莘田先生“对于培养青年，鼓励后进，那是百分之百的坦率亲切，肯呕心沥血地加以指点的”。我于1937年夏天考取中央研究院历史语言研究所（在南京鸡鸣寺路1号）第二组（语言组）研究生。记得主考是赵元任先生和丁声树先生，操作笨重的胶片录音机（那时还没有磁带录音机）的是杨时逢先生和董同龢先生。但是当我接到录取通知书后不久，又接到一封通知，上面说“抗战军兴，我院各所人员凡于八月一日未到职者，一律暂行疏散，台端自不能例外”，云云。我只好到湖南西部的一所中学去教书。一年以后，看到报上登载中央英庚款董事会的一则通告，上面说：董事会决定资助四名研究人员在国内高校或科研机构就读两年，其中有我的名字。我非常高兴，立刻写信给史语所赵元任先生（当时史语所已迁往昆明），要求利用英庚款的资助回所读书。那时候，赵先生已经到美国去了，由李方桂先生代理组长。李先生写信告诉我，正在为我接洽英款的事。我当时年轻懵懂，以为这事很快就会如愿，因此就用教书一年多的所得做旅费，从湘西，穿贵州，到云南昆明龙头村，见到了方桂先生。方桂先生道："糟了！我的第二封信你没有收到？"我说："没有。"他说："信里说，没有接洽成功，让你等等。"我这才感到着急，就去跟董同龢商量，他是比我早一届的研究生。董同龢说："你赶快去西南联合大学找罗莘田先生，他古道热肠，最愿意帮助年轻人，门路又多。"于是我就用我的大学毕业论文《中国古代民歌的拟似记音及其与安徽流行民歌的比较研究》的修改稿（此稿后来被毁于"文化大革命"中）为贽，跑到靛花巷去拜见罗先生，说了说情况。罗先生说："'拟似记音'这个词用得挺好。这样吧，前些时云南大学附属中学托我物色一位国文教员，你就去吧！"并且引我上楼，给我介绍了他的研究生马学良先生，说："这是荣成马学良先生，是你的同学，你们谈谈吧！"这样，我就认识了马学良先生。

我在云大附中教了半年书，罗先生写信告诉我："英庚款事已成，你可以回所读书了。"我就从李方桂先生读了两年书，后来李先生介绍我到南开大学文学院边疆人文研究室去工作，并且在西南联大中文系教课。那时候，罗先生是联大中文系主任。罗先生开的课我都去听，并且为罗先生做些助教工作。在治学方面，继方桂先生之后，我又得到莘田先生的许多指点。一个人立志孜孜向学，但与实际一结合，必有所困，积疑渐多，若遇高明加以指点，即可“涣然冰释，怡然理顺”。希望读《语言与文化》这本书的人能在治学方法上也得到一些启发。是为序。

邢公畹

1987 年 8 月

第一章　引言

美国已故的语言学教授萨皮尔（Edward Sapir）说：“语言的背后是有东西的。并且，语言不能离文化而存在。所谓文化就是社会遗传下来的习惯和信仰的总和，由它可以决定我们的生活组织。”[①] 帕默（L. R. Palmer）也说：“语言的历史和文化的历史是相辅而行的，它们可以互相协助和启发。”[②] 另外有一位人类学者戴乐尔（E. B. Tylor）也说：文化是“一个复杂的总和，包括知识，信仰，艺术，道德，法律，习俗，和一个人以社会一员的资格所获得的其他一切能为习惯”[③]。由这

---

① Edward Sapir，*Language*，p.221.

② L. R. Palmer，*An Introduction to Modern Linguistics*，p. 151（以下简称 *Modern Linguistics*）。

③ E. B. Tylor，*On a Method of Investigating the Development of Institution*，*J.A.I.* XVⅢ，1889，pp. 245～272.

些话看来，我们可以知道语言和文化关系的密切，并且可以知道它们所涉及的范围是很广博的。

本编企图从语词的涵义讨论语言和文化的关系。其中涉及语义学（semantics）一方面较多，很少牵涉到语音学和语法学两方面。我的计划打算分六段去说：第一，从词语的语源和演变推溯过去文化的遗迹；第二，从造词心理看民族的文化程度；第三，从借字看文化的接触；第四，从地名看民族迁徙的踪迹；第五，从姓氏和别号看民族来源和宗教信仰；第六，从亲属称谓看婚姻制度。这些都是社会学和人类学上很要紧的问题。假如我这一次尝试能够有些许贡献，那就可以给语言学和人类学的研究搭起一个桥梁来。这在国外本来不足希奇的，萨皮尔以语言学家晚年转向人类学[①]，马林诺夫斯基（Bronislaw Malinowski）以人类学家晚年转向语言学[②]，便是很好的例子。以作者的学识而论，本来不敢攀附这两位有名的学者。况且这条路子在中国又是新创的方向，临时搜集材料

---

① 例如，E. Sapir，*Time Perspective in Aboriginal American Culture*，*A Study in Method*， Memoir 90， No. 13， Anthropological Series， Canada Department of Mines， Ottawa， 1916（以下简称 *Time Perspective*）。

② 例如，B. Malinowski，*Coral Gardens and their Magic*， London， 1935；和他的 *Supplement to C. K. Ogden* and I. A. Richards' *The Meaning of Meaning*。

一定免不了疏漏的地方。本编发表后，作者恳切希望语言学和人类学两方面的通人加以严格的指正，或者可以使他的研究结果将来有圆满的一天。

第二章　从语词的语源和变迁看过去文化的遗迹

在各国语言里有许多语词现在通行的涵义和它们最初的语源迥不相同。如果不明了它们的过去文化背景，我们简直推究不出彼此有什么关系来。可是，你若知道它们的历史，那就不单可以发现很有趣的语义演变，而且对于文化进展的阶段也可以反映出一个很清晰的片影来。例如，英语的 pen 是从拉丁语的 penna 来的，原义是羽毛（feather），最初只严格应用在原始的鹅毛笔（quill pen）。后来笔的质料虽然改变，可是这个字始终保存着，于是在古代本来含有羽毛意义的字现在却用它来代表一种有金属笔尖的文具。反过来说，如果分析这个现代语词和羽毛的关系也可以教我们知道一些古代笔的制度。又如英语的 wall 和其他印欧系语言含有“墙”的意义的语词，它们的基本意义往往和“柳条编的东西”（wicker-work）或“枝条”（wattle）有关系。德语 Wand 从动词 winden 变来，它的原义是“缠绕”或“编织”(to wind, to interweave)。盎格鲁-撒克逊语(Anglo-Saxon)的“windan manigne smicernewah”等于英语的“to weave many a fine wall”，用现在通行的意义来翻译就是“编许多很好的墙”。墙怎么能编呢？据考古学家发掘史前遗址的结果，也发现许多烧过的土块上面现出清晰的柳条编织物的痕迹。这就是一种所谓“编砌式”(wattle and daub)的建筑。它或者用柳条编的东西做底子上面再涂上泥，或者把泥舂在两片柳条编的东西的中间。由此可以使我们推想欧洲古代的墙也和中国现在乡村的篱笆、四川的竹篾墙或古代的版筑一样，并不是铁筋洋灰的。又如英语的 window 直译是“风眼”(wind-eye)。在许多语言里用来指“窗”的复合词，“眼”字常常占一部分。像峨特语(Gothic)auga-dauro 直译是“眼门”(eye-door)。盎格鲁-撒克逊语的 eglyrel 直译是“眼孔”(eye-hole)，在梵文(Sanskrit)里我们找到 grvāksa 的意思是“牛眼”(ox-eye)，还有俄语的 okno，它的语根和拉丁语的 oculus 有关系(直译是“小眼”a little eye)。要想解释这些关于“窗”的语词，我们还得回想到古代的建筑制度。

我们在上文已经说过最古的房子或者用柳条编的东西造成，或者用木头造成。在这两样建筑制度之下是不容许有一个四方形大窗的。现在昆明近郊的倮倮叫窗做[ʂu˥ gu˩ na˩]，也是窗眼的意思。又如英语的 fee 是古英语 feoh 的变化例，它的意义是“牲口，家畜，产业，钱”（live-stock，cattle，property，money）。在日耳曼系语言的同源词（cognates）里，只有峨特语的 faihu［ˈfehu］含有“产业”的意义；所有其他的语言，像德语的 Vieh［fiː］或瑞典语的 fä［feː］，只有类乎“家畜（若干头）”、“牲口（若干头）”的意义。在别的印欧系语言的同源词也和上面所说的情形一样，像梵文的［p̦açu］或拉丁语 pecu。可是拉丁语还有演化词 pecūnia“钱”（money）和 pecūlium“储蓄”（savings）或“产业”（property）。这些例子可以使我们确信古时候拿牲口当做一种交易的媒介物。照这同样的方法，就是像德语 Lade，Laden，einladen 那一堆意义复杂的词，我们根据历史也可以把它们中间的关系弄清楚。laden 的意义是“装载”（to load），由它和盎格鲁-撒克逊语 hladan 和斯拉夫语（Slavic）klada“放，安置”（to lay，to put）的语音近似，我们很足以解释它。名词 Lade 的意义是抽屉（drawer），好像也和古北欧（Old Norse）语 hlaða“仓房”（英语 lath）很相近，这两个语词都含有动词的基本意义，所指的都是一个贮藏所。可是 Laden 的意义是“铺子”和“护窗板”（shop and window-shutter/Fensterladen），如果不研究这个语词所指的东西的历史，那就不能解释了。Lade 本来有“板条”的意义（参照英语 lath），在玻璃还没输入以前通常是用木条做护窗板的。并且沿街叫卖的小贩用两个木架支起一块木板在市场里把货物陈列在它上头，他们也叫它做 Lade，这就是最原始的铺子，这个语词的现代意义就是从这些起源发展出来的。我们再研究一下文化的历史，也就可以把 einladen（to invite）“邀请”和 Vorladung（a summons）“传票”两个语词的意义弄清楚了。梅邻阁（Meringer）为打算解释这个语词曾经注意到一种流播很广的风俗，就是法庭递送一个木板去传人到案。在波希米亚（Bohemia）的有些部分像这样的“Gebotbrett”还仍旧沿家递送。它是一块带柄的木板，布告就粘在或钉在它上头。所以 Laden 是从名词 laþ（to board a person）演变出来的一个动词，它的用法恰好像英美的“blackball”[①]和希腊的“to ostracize”[②]一样。从 einladen，Vorladung 的用法指送递木板传人出席法庭，于是现代普遍当做“邀请”的意义才演变出来了。

---

① 英美风俗在投否决票时用一种黑球，本来是名词，但逐渐演变成动词，例如，“to blackball a candidate”。

② 古希腊雅典的风俗，凡人民所憎恶的人，不问他有罪无罪，如由公众投票可决，即流亡国外十年或五年。因投票记名于牡蛎壳上，故名ostracism，从这个字转成动词即含有“放逐”或“摈斥”的意思，例如，“He is ostracized by polite circle.”。

此外，还有大家天天离不开的两个字，恐怕也很少有人知道它们的语源，那就是dollar和money。dollar最后是从德语Taler借来的，它是Joachimstaler的缩写，原来是从Joachimstal（“Joachim’s Dale”）演变出来的。Joachim’s Dale在波希米亚（Bohemia），当16世纪的时候曾经在这个山谷铸造过银币，因此现在就拿dollar当做银币的名称。至于money的语源又是怎么来的呢？当初罗马的造币厂设在Jūnō Monēta的庙里，monēta的本义只是“警戒者”（warner），和钱币渺不相关。因为在Jūnō Monēta有造币厂，所以罗马人就用Monēta这个字代表“造币厂”（mint）和“钱币”（coin，money）两个意思。英语的mint是原始英语直接从这个拉丁语词借来的；英语的money是中古时间接从古法语借过来的。①

Style这个字在现代英语里意思很多，最流行的就有好几种：（1）文体或用语言表现思想的体裁（“mode of expressing thought in language”）；（2）表现、构造或完成任何艺术、工作或制造物的特殊方法，尤其指着任何美术品而言（“distinctive or characteristic mode of presentation，construction，or execution

① 以上所引印欧语各例参看L. R. Palmer，*Modern Linguistics*，pp. 152～156；Leonard Bloomfield，*Language*，pp. 428～429。

in any art，employment，or product，especially in any of the fine arts ”）；（3）合乎标准的风格或态度，尤其指着对于社交上的关系和举止等而言（“ mode or manner in accord with a standard，especially in social relations，demeanor，etc. ”）；（4）流行的风尚（“ fashionable elegance ”）。可是咱们若一推究它的语源那可差得远了。这个字原本从拉丁语的 stilus 来的。在罗马时代，人们是在蜡板上写字的。他们并不用铅笔和钢笔，而用一种铁、硬木或骨头制成的工具。这种东西一头儿是尖的，用来写字；一头儿是扁平的，用来擦抹——换言之，就是把蜡板磨平了，好让它可以反复地用。这种工具叫做 stilus 或 stylus。它本来指着写字的工具而言，意义渐渐地引申，就变成用这种工具所写的东西、任何写出来的文章、作文的风格和体裁、作文或说话的特殊风格等等。Stylus 这个字进到法文后变成“style”，读作 [stiːl]，意义还保持着上面所说的种种。当它进到英文时读音就变成 [stail] 了。至于“高尚的举止或态度”或“流行的风尚”这个意义，那是最后在英语和法语里引申出来的。虽然这样，style 的本义在《韦氏字典》却仍然保存着，它的第一条解释就是“古人用以在蜡板上写字的尖笔”（“ an instrument used by the ancients in writing on wax tablets ”）。同时，stylus 也由拉丁语直接借进英文，仍然保持它的本义。在现代英语里，因为

stylus 流行，style 的第一个意义就慢慢儿地消灭了。

Needle 这个字也可以推溯到很古的来源。但是它最初并不指着那种精巧做成的钢制品，像我们现在心目中所认识的“针”。它最初只应用到一种骨做的原型，慢慢儿地才应用到一种钢做的。现在凡是一种尖形的东西，像尖形结晶体、岩石的尖峰、方尖碑等等，也都可以叫做 needle。这正可以反映当初它只是指着一种尖锐的工具说的。由“针”的观念我们又联想到 spinster 这个字。照现在通行的意义说，这个字只指着没出嫁的老处女。但是由 spinster 的结构来分析，在某一个时候它显然地有“纺织者”（one who spins）的意义。后来经过和一些个人的特殊关系联系，渐渐地才取得现在通行的特殊意义。从原来的本义转变成现在的意义，而把本义整个遗失，这其间一定经过一段很长的时间。从这纯粹文化的事实咱们可以有理由推测纺织的技术从古时候就有了，而且它是在女人们手里的。这种事实固然可以直接拿历史来证明，但是咱们也可以根据纯粹语言的标准来判断。Spinster 这个字的年代还可以由那比较少见的施事格词尾（agentive suffix）-ster 来确定。因为和它有同样结构的只有 huckster“小贩”、songster“善歌者”少数的几个字，和固定不变的专名 Baxter（就是 baker“烘面包的”）、Webster（就是 weaver“纺织者”）。所以 -ster 的年代

一定比 -er、-ist 之类古得多。[1]

在北美印第安语里咱们也可以找出几个有关文化遗迹的例子来。麦肯齐（Mackenzie）山谷的阿他巴斯干族（Athabaskan）对于和“手套”相当的语词，Chipewyan 叫 la-djic，Hare 叫 lla-dji，Loucheux 叫 nle-djic，它实际上仅仅是“手袋”（hand-bag）的意思。可是，在那洼和（Navaho）语言里分明拿 la-djic 代表只分拇指的手套（mitten）。并且这种只分拇指的手套在阿他巴斯干族的物质文化里又是一种很古的成分，那么，咱们就此可以推断，在这个民族，所谓“手套”，只是指着只分拇指的 mitten 说，绝对不会是现在通行的分指手套 glove。[2]

阿他巴斯干语里还有一个非描写的名词语干t‘ɬeɬ，这个字在查斯他扣斯他（Chasta Costa）和那洼和语里都恰好有 matches“火柴”的同样意义。从别的方面考虑，这绝不会是这个字的原始意义。并且拿它和别的阿他巴斯干方言（例如 Chipewyan）比较，t‘ɬeɬ 本来的意思是fire-drill“火钻”，等到近代拿火柴代替了古代“钻燧取火”的方法，它才从fire-drill的本义转变到matches的今义。[3]从这个小小的例子咱们就可以

① E. Sapir，*Time Perspective*，pp. 59~60.

② E. Sapir，*Time Perspective*，p.58.

③ 同上p. 59.

对于阿他巴斯干族社会经济的变迁得到不少的启发。

谈到中国古代语言和文化的关系，我们便不能撇开文字。例如，现在和钱币有关的字，像财、货、贡、赈、赠、贷、赊、买（買）、卖（賣）、贿、赂之类都属贝部。贝不过是一种介壳，何以用它来表示钱币的含义呢？许慎的《说文解字》解答这个问题说："古者货贝而宝龟，周而有泉，至秦废贝行钱。"可见中国古代曾经用贝壳当做交易的媒介物。秦以后废贝行钱，但是这种古代的货币制度在文字的形体上还保存着它的蜕形。云南到明代还使用一种"海肥"，也就是贝币的残余。又如现在中国纸是用竹质和木皮造的。但当初造字时纸字何以从系呢？《说文》也只说"絮一箔也"，并没提到现代通行的意义。照段玉裁的解释，"箔"下曰"潎絮箦也"，"潎"下曰"于水中击絮也"。《后汉书》说："（蔡）伦乃造意，用树肤、麻头及敝布、鱼网以为纸，元兴元年奏上之，自是莫不从用焉，天下咸称'蔡侯纸'。"按造纸昉于漂絮，其初丝絮为之，以箔荐而成之。今用竹质木皮为纸，亦有致密竹帘荐之，是也。《通俗文》曰"方絮曰纸"，《释名》曰"纸，砥也，平滑如砥"。由此可知在蔡伦没有发明造纸的新方法和新质料以前中国曾经用丝絮造过纸的。此外，像"砮"字《说文》解释作"石可以为矢镞"，可以推见石器时代的弓矢制度；"安"字《说文》训“静也，从女在宀下”会意，就是说，把女孩子关在家里便可以安静，由此可以想见中国古代对女性的观念。还有车裂的刑法本来是古代一种残酷的制度，从现代人道主义的立场来看这实在是一种“蛮性的遗留”。可是就“斩”字的结构来讲，我们却不能替中国古代讳言了。《说文》“斩从车斤，斩法车裂也”，段玉裁注：“此说从车之意。盖古用车裂，后人乃法车裂之意而用铁钺，故字亦从车，斤者铁钺之类也。”可见这种惨刑在中国古代绝不止商鞅一人身受其苦的。以上这几个例，我都墨守《说文》来讲，但还有些字照《说文》是讲不通的。例如“家”字《说文》“尻也，从宀，豭省声”。许慎一定要把它设法解释作形声字，那未免太迂曲了。段玉裁以为家字的本义是“豕之尻也”，引申假借以为人之尻，犹如牢字起初当牛之尻讲，后来引申为所以拘罪的陛牢。他的说法自然比许氏高明多了，不过照我推想中国初民时代的“家”大概是上层住人，下层养猪。现在云南乡间的房子还有残余这种样式的。若照“礼失而求诸野”的古训来说，这又是语言学和社会学可以交互启发的一个明证。

第三章　从造词心理看民族的文化程度

从许多语言的习用词或俚语里，我们往往可以窥探造词的心理过程和那个民族的文化程度。现在姑且舍去几个文化较高的族语不谈，单从中国西南边境的一些少数部族的语言里找几个例子。例如，云南昆明近郊的倮倮叫妻做“穿针婆”[ɣɤ ˥ sɔ ˩ mo ˩] [1]（直译是“针穿母”）。[2] 云南高黎贡山的俅子叫结婚做“买女人”[p̔o ˧ ma ˧ uan ˧]（直译是“女人买”）。[3] 从这两个语词我们可以看出夷族社会对于妻的看法和买卖婚姻的遗迹。又如俅子把麻布、衣服和被都叫做[dʑio ˧]，因为在他们的社会里，这三样东西是“三位一体”的。它

---

①② 本章关于昆明近郊倮倮语各例，引自高华年《昆明近郊的一种黑夷语研究》，北京大学文科研究所硕士论文，1943年。下文并同。

③ 本章关于俅子语各例，引自著者的《贡山俅语初探》，北京大学文科研究所油印论文之三，1943年。下文同。

的质料是麻布，白天披在身上就是衣服，晚上盖在身上就是被。在他们的物质生活上既然分不出三种各别的东西来，所以在语言里根本没有造三个词的必要。还有云南路南的撒尼把带子叫做“系腰”[dʐu ˧˩n̩ ˥]（直译是“腰系”），帽子叫做“蒙头”[o ˥q‘u ˥]（直译是“头蒙”），戒指叫做“约指”[le ˩ tʂɿ ˥pɿ ˥]（直译是“手指关闭”），也是根据这三种东西的功用造成语词的。[①]云南福贡的傈僳把下饭的菜叫“诱饭”[dza ˥ tś‘ɿ˩˨]（直译是“饭诱”），和广州话“餸”字的意思很相近。他们的酒名计有“酒”[dʐʅ ˨˩˧ p ‘ɯ ˧˦]、“米酒”[dza ˥p ‘u ˥dʐʅ ˨˩˧]、“秫酒”[m ɯ̄˧dʐʅ ˨˩˧]、“水酒”[ts′y ˨˩ dʐʅ ˨˩˧]、“烧酒”[li ˨˩ tɕi ˥]五种，足证他们是一个好喝酒的部族。[②]当我们调查文化较低的族语时，遇到抽象一点儿的语词，像代表动作或状态一类的词，往往比调查看得见指得着的东西困难许多。可是一旦明白他们的造词心理以后也可以引起不少的趣味。比方说，昆明近郊的倮倮叫发怒做“血滚”[sɿ ˧n‘ã ˥˧]，欺负做“看傻”[ɲi ˧ ɲɚ ˥]，伤心做“心冷”[ɲi ˥˧ dʑa ˥˧]（参照国语“寒心”），

① 本章关于撒尼语各例，引自马学良的《路南撒尼倮语语法》，北京大学文科研究所硕士论文，1941年。下文同。

② 本章关于福贡傈僳语各例，引自著者的《福贡傈僳语初探》，1944年稿本。下文同。

难过做“过穷”[ko˥˩ ʂu˧]。这几个语词的构成，多少都和这些动作或状态的心理情境有牵连。在初民社会里对于自然界的现象，因为超过他们知识所能解答的范围以外，往往也容易发生许多神异的揣测。例如，福贡的傈僳叫虹做“黄马吃水”[ɑ˥ mo˨˩ ji˩ ʂɩ]，路南的撒尼叫日蚀做“太阳被虎吃”[l̥o˩ tsz̥˧ mɑ˧ lɑ˥ l ɪ˧ dzɑ˧]，叫月蚀做“月亮被狗吃”[ɬo˧ bɑ˧ mɑ˧ ts'z̥˩ l ɪ˧ dzɑ˧]。刘熙《释名·释天》:“蝃蝀，其见每于日在西而见于东，啜饮东方之水气也。”这也和傈僳的传说近似。现在有些地方也说日蚀是“天狗吃日头”。那也是一点儿初民社会的遗迹。至于昆明近郊的傈僳叫冰做“锁霜条”[ɲɛ˧ dz̥'u˩ bɑ˩]（直译是“霜条锁”），也和路南撒尼叫雷做“天响”[m̩˩ tsɑ˥]一样，都是因为不明天象才牵强附会地造出这些新词来。在这些族语里对于方位的观念也弄不大清楚，他们往往拿日头的出没作标准。因此对于东方，昆明近郊的傈僳叫做“日出地”[dʑi˨˩ du˥˩ mi˧]，福贡的傈僳叫做“日出洞”[m ɪ˧ m ɪ˧ du˥ k'u˥˩]。对于西方，昆明近郊的傈僳叫做“日落地”[dʑi˨˩ dɤ˨˩ mi˧]，福贡的傈僳叫做“日落洞”[m ɪ˧ m ɪ˧ gɯ˩ k'u˥˩]。汉字的“东”字从“日在木中”会意，“西”字象“鸟栖巢上”之形，英语的orient的本义也是“日出”，实际上全是从这共同的出发点来的。不过，武鸣的土语叫东做“里”[ʔdaɯ˧

]，叫西做“外”［ʔøk ˥］[①]，福贡的傈僳叫北做“水头”［ji ˥ nɛ ˥］，叫南做“水尾”［ji ˥ mū ˩］：那似乎又从方位和地形的高低上着眼了。这些部族遇到没看见过的新奇事物时候也喜欢拿旧有的东西附会上去。例如，福贡的傈僳叫信做“送礼的字”［t‘o ˩ɣɯ ˩ 1ɛ ˨˩ ʂ̩ɯ ˧］。昆明近郊的傈僳叫庙做“佛房”［bɯ ˦ xɚ ˩］，叫钢做“硬铁”［ɕɛ ˧ xɔ ˩˧］。贡山的俅子叫汽车做“轮子房”［ku ˧ lu ˧ tɕiəm ˥˧］。路南的撒尼叫自行车做“铁马”［xɯ ˧ m̩ ］。至于最新的交通和军事利器——飞机，他们的看法更不一致了：贡山的俅子叫做“飞房”［biəl ˧ tɕim ˥˧］，福贡的傈僳也叫做“飞房”［dʑy ˨˩ x ɪ˥˧］，片马的茶山则叫做“风船”［lik ˩ saŋ ˧ p‘ɔ ˩］[②]，路南的撒尼叫做“铁鹰”［xɯ ˧ tɬe ˥］，滇西的摆夷管它叫做“天上火车”［la˥t‘a ˨˩ mi ˥］。[③]因为这些东西在他们的知识领域里向来没有过，他们想用“以其所知喻其所未知”的方法来造新词，于是就产出这一些似是而非的描写词（descriptive forms）来了。

① 本李方桂说。

② 关于茶山话的例，引自著者的《滇缅北界的三种族语研究》，1944年稿本。

③ 这个例是张印堂转告的。又向觉明说：“内地会教士用苗语译《圣经》，对于‘海’字即感觉到困难。”也是一个可作补充的例子。

在北美印第安的怒特迦（Nootka）语里有ɬutcḥa° 一词，和上文所举傈子的［p'o ˧ ma ˧ uan ˧］可谓无独有偶。他们的社会应用ɬutcḥa° 一词包含结婚时礼仪的和经济的手续，同我们的结婚仪式相当。实际上说，这个名词只应该适用于新郎和他的赡养者一方面对于新娘家属的产业配给，以为获得她的代价。它的本义不过是“买女人”（buying a woman）。可是怒特迦人现在却用它包括“买女人”纳聘礼以前所有的唱歌、跳舞和演说，大部分对于“购买”没有必要的关系。所以他们有一全套的歌叫做ɬutc ha°'yak，意思就是“为买女人作的”。这些歌和结婚的联系仅仅是习俗的罢了。并且，新娘的家属立刻把所得的礼物分配给他们自己的村里人，尤其重要的，他们不久送回一份特备的妆奁和礼物，价值比所收“买女人”的产业相等或更大。由这件事实往往可以把“买女人”式的婚姻只减少到一个形式。不过，ɬutcḥa° 这个名词的文化价值明明在它的含义是纯粹经济的买卖式婚姻。因为在现在的婚姻制度背后它附属的礼仪手续增加，经济的意义就变弱了。[1]

怒特迦语另外还有些有趣的词尾可以指示婚礼的手续：例如'O°'iɬ，意思是“在一个女子成年举行聚族分礼宴时要

① E. Sapir，*Time perspective*，pp. 61 ~ 62.

找点儿东西做礼物”（“to ask for something as a gift in a girl’s puberty potlatch”）；-t’o° ɬɑ意思是“为某人设一个聚族分礼的饮宴”（“to give a potlatch for someone”）；-’in ɬ意思是“在聚族分礼时设一个某种食物的筵席”（“to give a feast of some kind of food-in a potlatch”）。所谓“potlatch”是太平洋沿岸某些印第安人的一种风俗。举行这种仪式时一个人分配礼物给他同族的人或邻族的人，同时伴着饮宴。上面这些词尾明白指出在怒特迦社会里，“potlatch”仪式至少和有些文化概念从很久就发生关系了。[①]

上文曾说傈僳语的酒名有五种之多，足证他们是一个好喝酒的部族。和这个相近的例子，我们在英语里找到关于养牛的词汇非常多。例如：cow“母牛”，ox“公牛”，bull“公牛”，steer“阉牛”，heifer“牝犊”，calf“小牛”，cattle“牲口”，beef“牛肉”，veal“小牛肉”，butter“黄油”，cheese“干酪”，whey“乳浆”，curd“凝乳”，cream“酪”，to churn“搅牛奶”，to skim“撇去牛奶的浮油”等等，它们应用的范围很广，彼此间也分得很清楚。相反的，在美国西部种橘的实业虽然也很发达，可是关于这种

① E. Sapir，*Time perspective*，p. 66.

实业特有的词汇却比较贫乏，而且分得不大清楚。从这种语言上的证据，咱们就可以知道养牛和种橘两种实业在美国文化上的发达谁先谁后了。[①]中国古代文字关于牛羊的词汇也特别丰富。《说文》牛部里关于牛的年龄的，有“犕”（二岁牛），“犙”(三岁牛），“牭”（四岁牛），“犊”（牛子）；关于牛的性别的，有“牡”（畜父），“牝”（畜母）；关于牛的形状颜色和病症的，有“犅”（特牛），“特”（朴特牛父），“犗”（騬牛），“犆”（牻牛），“犖”（驳牛），“抨”（牛驳如星），“牲”（牛完全），“犧”（宗庙之牲），“牻”（白黑杂毛牛），“犡”（牛白脊），“犥”（牛黄白色），“犉”（黄牛黑唇），“犨”（白牛），“犟”（牛长脊），“牷”（牛纯色），“犍”（畜牷），“牼”（牛膝下骨），“牲”(牛舌病）；关于牛的动作和品性的，有“牧”（牛徐行），“犨”（牛息声），“牟”（牛鸣），“牵”（引而前），“犕”（犕牛乘马），“犂”(耕），“辈”（两壁耕），“牴”（触），“犟”（牛踶犟），“犪”（牛柔谨），“犟”（牛很不从牵），“犗”（牛羊无子）；

① E. Sapir，*Time perspective*，p. 62.

关于养牛的，有“犓”（以刍茎养牛），“牿”（牛马牢），“牢”（闲养牛马圈）。羊部里关于羊的年龄的，有“羔”（羊子），“羍”（小羊），“羜”（五月生羔），“䍪”（六月生羔），“䍮”（羊未卒岁）；关于羊的性别的，有“羝”（牡羊），“羒”（牂羊），“牂”（牝羊），“羭”（夏羊牡曰羭），“羖”（夏羊牡曰羖）；关于羊的形状和颜色的，有“羠”（騬羊），“䍸”（黄腹羊）；关于羊的动作和品性的，有“芈”（羊鸣），“䍴”（羊相羵），“羵”（䍴羵），“䍶”（群羊相羵），“羴”（羊臭）。从羊字孳衍的字，有“羣”（辈也），“美”（甘也），“羑”（进善也），“羌”（西戎牧羊人）。现代中国语言里这些字大多数都死亡了。可是古字书里既然保留这些字的记录，那么，中国古代社会里的畜牧生活是不可湮没的。这些词汇的死亡，是完全由于社会制度和经济制度的变迁造成的。

中国古代的封建社会里对于每个朝代的开国皇帝都认为“真主”、“真命天子”或“真龙天子”；道教对于修炼有成的道士也叫做“真人”。这种心理在别的初民社会里也可以找到类似的例。北美印第安的侵显（Tsim Shian）人管他们的酋长叫做səm'ɔ° gid（单数），或səmgigad（多数）。若把他们分析起来，səm-有“很”或“真”的意义（“very, real”）。g̯ad是单数的“人”（“man”），g̯ig̯ad是多数的“人”（“men”），这又是一个中西对照有关造词心理的例子。①

① E. Sapir，*Time perspective*， p.63.

第四章　从借字看文化的接触

语言的本身固然可以映射出历史的文化色彩，但遇到和外来文化接触时，它也可以吸收新的成分和旧有的糅合在一块儿。所谓“借字”就是一国语言里所羼杂的外来语成分。它可以表现两种文化接触后在语言上所发生的影响；反过来说，从语言的糅合也正可以窥察文化的交流。萨皮尔说：“语言，像文化一样，很少是自给自足的。交际的需要使说一种语言的人和说邻近语言的或文化上占优势的语言的人发生直接或间接接触。交际可以是友好的或敌对的。可以在平凡的事务和交易关系的平面上进行，也可以是精神价值——艺术、科学、宗教——的借贷或交换。很难指出一种完全孤立的语言或方言，尤其是在原始人中间。邻居的人群互相接触，不论程度怎样，性质怎样，一般都足以引起某种语言上的交互影响。”[①]

中国自有历史以来，所接触的民族很多。像印度、伊朗、波斯、马来、暹罗、缅甸、西藏、安南、匈奴、突厥、蒙古、满洲、高丽、日本和近代的欧美各国都和汉族有过关系。每个文化潮流多少都给汉语里留下一些借字，同时汉语也贷出一些语词给别的语言。对于这些交互借字仔细加以研究，很可以给文化的历史找出些有趣解释。中国和其他民族间的文化关系几乎可以从交互借字的范围广狭估计出个大概来。咱们姑且举几个例：

1. 狮子　凡是逛过动物园或看过《人猿泰山》一类影片的人们，对于那种野兽应该没什么希罕。可是假如要问："狮子是不是产在中国？如果不是，它是什么时候到中国来的？"这就不是一般人所能解答的了。狮也写作"师"，《后汉书·班彪传》李贤注："师，师子也。"又《班超传》："初月氏尝助汉击车师有功。是岁（88 A. D.）贡奉珍宝，符拔师子，因求汉公主。超拒还其使，由是怨恨。"又《顺帝纪》：阳嘉二年（133A. D.）"疏勒国献师子、封牛"。李贤注："《东观记》曰：'疏勒王盘遣使

① E. Sapir，*Language*， p. 205；中译本 p. 173。

文时诣阙。’师子似虎，正黄，有髯耏，尾端茸毛大如斗。封牛，其领上肉隆起若封然，因以名之，即今之峰牛。”可是，《洛阳伽蓝记》卷三“永桥”下说：“狮子者，波斯国王所献也。”那么，照文献上讲，狮子的来源有月氏（Indo-Scythians）、疏勒（Kashgar）、波斯（Persian）三个说法。从命名的对音来推求，华特尔（Thomas Watters）认为狮 ši 是由波斯语 sēr 来的。[①] 劳佛（Berthold Laufer）对于这个说法不十分满意。“因为在纪元88年第一个狮子由月氏献到中国的时候，所谓‘波斯语’还不存在。大约在第一世纪末这个语词经月氏的媒介输入中国，它最初是从某种东伊朗语（East Iranian language）来。在那里这个词的语形素来是 šē 或 šī（吐火罗语 Tokharian A.śi śāk），也和中国师 šī（*š'i）一样没有韵尾辅音。”[②] 沙畹（Edouard Chavannes）[③] 伯希和（Paul

① Thomas Watters, *Essays on the Chinese Language*（以下简称*Chinese Language*），Shanghai，1889，p. 350。

② Berthold Laufer, *The si-hia Language*,《通报》*Toung Pao*（以下简称T. P.）s. Ⅱ，XⅦ（1916），p. 81；还有他的*The Language of the Yüe-chi or Indo-Scythians*, Chicago，1917，p. 4；*Chinese Pottery of the Han Dynasty*, pp. 236～245。

③ Edouard Chavannes, *Les Pay Occident d'apres le Heou Han Chou*, T. P. s. Ⅱ，Ⅷ（1907），p. 177，note 5，“符拔，狮子”；*Trois Generaux Chinois de la Dynastie des Han Orientaux*, *T. P.*s. Ⅱ，Ⅶ（1906），p. 232。

Pelliot）[①]和高体越（Henri Gauthiot）[②]等法国汉学家也都注意到这个字的对音。伯希和以为关于波斯语 šēr，伊朗学家采用过一些时候的语源 xšaθrya 必得放弃了。因为高体越已经指出这个字是从粟特语（Sogdian）的*šrɣw，*šarɣə“狮子”来的。总之关于这个语词虽然有人不承认它是所谓“波斯语”，但对于它是伊朗语属几乎没有异议。高本汉（Bernhard Karlgren）也采取莫根斯廷教授（Prof. G. Morgenstierne）的话，说：“狮 ṣi 在那时是伊朗语 šarɣ 的对音。”[③]

2. 师比　是用来称一种金属带钩的。在史传里也写作犀比、犀纰、私呲、胥纰、鲜卑等异文。《楚辞·招魂》：“晋制犀比，费白日些。”《大招》：“小腰秀颈，若鲜卑只。”阮元《积古斋钟鼎彝器款识》卷十“丙午神钩”下说：“首作兽面，盖师比形。《史记》汉文帝遗匈奴‘黄金胥纰一’，《汉书》作‘犀毗’。张晏云：‘鲜卑，郭落带，瑞

① Paul Pelliot，T.P.s.Ⅱ，XXI（1922），p. 434，note3,（*Review to* G.A.S.Willians' *A Manual of Chinese Metaphors*，p.128）.

② cf Horn，*Memoir de Societie de Linguistique*，XIX（1915），p.132.

③ Bernhard Karlgern，*Word Families in Chinese*，Bulletin of the Museum of Far Eastern Antiquities（以下简称B. M. F. E. A）No 5.（1934），p. 30，Stockholm。

兽名，东胡好服之。'《战国策》：'赵武灵王赐周绍具带黄金师比。'延笃云：'师比，胡革带钩也。'班固《与窦宪笺》云：'复赐固犀比金头带。'《东观汉记》：'邓遵破匈奴，上赐金刚鲜卑绲带。'然则师比、胥纰、犀毗、鲜卑、犀比，声相近而文相异，其实一也。"阮元所说，对于"师比"一词的来历考证得源源本本。在中国古书里凡是一个同义复词同时有许多异文，那一定是外来的借字而不是地道土产。那么师比的语源究竟是从哪儿来的呢？

关于这个问题的解答也颇不一致：许多考古学家和汉学家都认为"师比"这个词是汉族从中国西方和西北方的游牧民族借来的。①王国维仅仅泛指作"胡名"。②伯希和、白鸟库吉以为它是匈奴字*serbi。白鸟氏还拿它和现代满洲语的sabi"祥瑞，吉兆"（happy omen）牵合。③卜弼德（Peter Boodberg）虽然没说明他对于这个字的来源有什么意见，他却拿*serbi和蒙

① 在江上波夫（Egami Namio）和水野广德（Mizuno Kotoku）的*Inner Mongolia and the Region of the Great Wall* pp. 103～110（Tokyo and Kyoto，1935）列有目录。

② 《观堂集林》贰贰"胡服考"，页2。

③ P. Pelliot，*L Édition Collective des oeuvres de Wang Kuowei*，T. P. XXVI（1929），p. 141；Shiratori Kurokichi，*Memoirs of the Research Dept. of the Tokyo Bunko*（东洋文库）No. 4，5（Tokyo，1929）. p. 5.

古语serbe来比较。[1]照郭伐赖无斯基（Kovalevskij）的《蒙俄法词典》，serbe的意思是“小钩，V形凹入口”（small hook，notch），serbe-ge是“V形凹入口，小钩，鳃，顶饰，钩扣”（notch，small hook，gill，crest，agraffe）。[2]总之，姑且不管当初匈奴说的话是蒙古、通古斯（Tungus）或突厥（Turkish），照以上这些人的假设，“师比”这个字无论如何不是印欧语。可是最近门琛（Otto Maenchen-Heilfen）认为师比和“郭落”都是从印欧语来的。他根据《大招》里“小腰秀颈，若鲜卑只”认为“鲜卑”这个词的发现在纪元前230年以前，那时中国还不知道有匈奴，楚国人当然不会向他们借来带钩和鲜卑或师比这个字。因此他把这两个字构拟作：

①师比* serbi。“带钩”可以和印欧语指“钩，镰”等词比附：古教堂斯拉夫语OCS. srъpъ，立陶宛语Lett. sirpe，希腊语GK. σρπη，拉丁语Lat. sarpio和sarpo，古爱尔兰语O. Irish. serr。

② 郭落* kwâklâk。“带”也可以和印欧语比附：原始印

---

① Peter Boodberg，*Two Notes on the History of the Chinese Frontier*，Harvard Journal of Asiatic Studies（以下简称H. J. A. S.）I，1936，p. 306，n. 79。

② Kovalevskij，*Dictionaire Mongol-Russe-Francsais*，Ⅱ. p. 1373.

欧语 IE.ku̯eku̯lo-，希腊语κμκλοσ“圆圈，circle”，梵语Skt. cakrá，古波斯语Avest. čaxrō，吐火罗语Tokhar. A. kukäl，“轮子wheel”。拿这些词和“带”比较，并没有语义上的困难。[1]

关于门琛的构拟我且不来批评。不过，他只根据《大招》里的“鲜卑”一词切断了这个字和匈奴的语源关系，我却不大以为然。照我看，也许因为“鲜卑”这个词的发现反倒可以解决聚讼已久的《大招》时代问题。[2]因此我还倾向于伯希和们对于师比 *serbi的假设。

3. 璧流离　《说文》玉部珋字下云：“璧珋，石之有光者也。”（依段注校改）。段玉裁注说：“璧珋，即璧流离也。《地理志》曰：‘入海市明珠璧流离。’《西域传》曰：‘罽宾国出璧流离。’璧流离三字为名，胡语也，犹珣玕琪之为夷语。汉武梁祠堂画有璧流离，曰：‘王者不隐过则至。’《吴国山碑》纪符瑞，亦有璧流离。梵书言吠瑠璃，吠

---

① Otto Maenchen-Heilfen, *Are Chinese Hsi-pi and Kuolo IE Loanwords?* Language, XXI, 4 (1945), pp. 256~260.

② 游国恩《先秦文学》云：“作《大招》者非景差亦非屈原，盖秦汉间人模拟《招魂》之作，不必实有其所招之人也。……观其篇首无叙，篇末无乱，止效《招魂》中间一段；文辞既远弗逮，而摹拟之迹甚显，其为晚出，殆无疑焉。”游氏并举“鲜蠵甘鸡”一段言楚者三，及“青色直眉，美目媔只”中“青”字为秦以后语为证。（页157~159）

与璧音相近。《西域传》注，孟康曰：‘璧流离青色如玉。’今本《汉书注》无璧字，读者误认正文璧与流离为二物矣。今人省言之曰流离，改其字为瑠璃；古人省言之曰璧琊。琊与流、瑠音同。扬雄《羽猎赋》‘椎夜光之流离’，是古亦省作流离也。”关于璧流离这个语词在汉以前的出处，段玉裁所说已经介绍得非常详尽，可惜他只泛指为胡语而没能仔细推究它的语源。按这个语词的对音可以分作两派：一种是旧译的璧流离、吠瑠璃；另一种是新译的毗头黎、鞞头利也。前者出于梵文俗语（Prakrit）的velūriya，后者出于梵文雅语（Sanskrit）的vaidūrya。[①]本义原为青色宝，后来变成有色玻璃的通称，和希腊βιρυλλοσ，拉丁beryllos，波斯、阿拉伯的billaur，英文的beryl，都同出一源。从段玉裁所引许多历史上的证据，可知璧流离这种东西以及这个语词在汉朝时候已经从印度经由中央亚细亚输入中国了。

4. 葡萄　《史记·大宛列传》载汉武帝通西域得葡萄、苜蓿于大宛，可见这两种东西都是张骞带回来的。葡萄，《史记》《汉书》作“蒲陶”，《后汉书》作“蒲萄”，《三

① Thomas Watters，*Chinese Language*，p. 433；何健民译，藤田丰八著《中国南海古代交通丛考》，页115；冯承钧《诸蕃志校注》，页132、133；季羡林《论梵文t d的音译》，1949，页29、30。

国志》和《北史》作“蒲桃”。西洋的汉学家们，像陶迈谢（W. Tomaschek）[①]、荆思密（T. Kingsmill）[②]和夏德（F.Hirth）[③]都假定这个词出于希腊语βότρυσ“a bunch of grapes”，沙畹和赖古伯烈（Terrien de Lacouperie）也附和这一说。劳佛以为葡萄很古就种植在伊朗高原北部一带，时代实在比希腊早。希腊人从西部亚细亚接受了葡萄和酒。希腊文的βότρυσ很像是闪语（Semetic）借字。大宛（Fergana）人绝不会采用希腊字来给种植在他本土很久的植物起名字。他以为葡萄盖与伊朗语* budāwa或* buđawa相当。这个字是由语根buda和词尾wa或awa构成的。照劳佛的意思buda当与新波斯语bāda（酒）和古波斯语βατια'κη（酒器）有关。βατια'κη等于中古波斯语bātak，新波斯语bādye。[④]最近据杨志玖考证，葡萄一词当由《汉书·西域传》乌弋山离的扑挑国而来。扑挑字应作“朴桃”。

---

① Sogdiana，*Sitzungsber. Wiener Akad.*，1877，p. 133.

② *The Intercourse of China with Central and Western Asia in the 2nd Century B. C.*，Journal of the Royal Asiatic Society（以下简称J. R. A. S.），China Branch XⅣ（1879），p. 5，190。

③ *Fremde Einflüsse in der Chin. Kunst.* p. 25；and Journal of American Oriental Society（以下简称J. A. O. S.）XXXⅦ，（1917），p. 146。

④ Berthold Laufer，*Sino-Iranica*，pp. 225～226；cf. Horn，*Neupersische Etymologie*，No.155.

它的所在地，照徐松说就是《汉书·大月氏传》的濮达，照沙畹说就是大夏（Bactria）都城Bactria的对音。[①]因为这个地方盛产葡萄，所以后来就用它当做这种水果的名称。[②]

5. 苜蓿　在《汉书》里只写作“目宿”，郭璞作“牧蓿”，罗愿作“木粟”。劳佛曾经发现古西藏文用bugsug作这个语词的对音[③]，因此他就把它的原始伊朗语构拟作* buksuk，* buxsux或* buxsuk。[④]陶迈谢（W. Tomaschek）曾经试把这个词和一种Caspian方言吉拉基语（Gīlakī）的būso（“alfalfa”）相比。[⑤]假如我们能够证明这个būso是由* buxsux一类的语源孳衍而来，那就可以满意了。我们得要知道中国最初接触的东伊朗民族从来没有文字，他们所说的语言实际上已经亡掉了。可是仗着汉文的记载居然能从消灭的语言里把大宛人叫Medicago sativa的语词*buksuk或* buxsux保存下来，这真不能不感谢张骞的功绩！

---

① Edouard Chavannes，*T. P.* s. Ⅱ，Ⅵ，（1905），p.514.

② 杨志玖《葡萄语源试探》，全文载青岛《中兴周刊》6期，页11～14，1947年出版。

③ B. Laufer，*Loanwords in Tibetan*，T. P. s.Ⅱ，XⅦ（1916），p. 500，No. 206.

④ B. Laufer，*Sino-Iranica*，p. 212.

⑤ Pamir-Dialekte，*Sitzungsber. Wiener Akad*，1880，p. 792.

6. 槟榔　《汉书》司马相如《上林赋》“仁频并闾”，颜师古注：“仁频即宾桹也，频或作宾。”宋姚宽《西溪丛话》卷下引《仙药录》：“槟榔一名仁频。”这个名词应该是马来语（Malay）pinang的对音。爪哇语（Java）管pinang叫做jambi，也或许就是“仁频”的音译。[①]

7. 柘枝舞　段安节《乐府杂录》所记各种教坊乐舞里有一种叫做“柘枝舞”。唐沈亚之《柘枝舞赋》序说：“今自有土之乐舞堂上者唯胡部与焉，而柘枝益肆。”[②]晏殊也说这是一种胡舞。[③]刘梦得《观舞柘枝诗》：“胡服何葳蕤，仙仙登绮墀。”[④]也只泛言胡服，并没说明是哪一国。近来据向达考证说：“余以为柘枝舞出于石国。……石国《魏书》作者舌，《西域记》作赭时，杜还《经行记》作赭支。《唐书·西域传》云：‘石或曰柘支，曰柘折，曰赭时，汉大宛北鄙也。’《文献通考·四裔考·突厥考》中记有柘羯，当亦石

① T. Watters, *Chinese Language*, p. 343；并参阅藤田丰八《中国南海古代交通丛考》中“宋代市舶司及市舶条例”，页241；冯承钧《诸蕃志校注》，页117～118。

②《沈下贤文集》，《四部丛刊》页8。

③ 北京图书馆藏抄本《晏元献类要》卷二十九，“杂曲名”条“五天柘枝横吹”，原注：“《古今乐府录》曰：胡乐也。”

④《刘梦得文集》卷五。

国。凡所谓者舌、赭时、赭支、柘支、柘折，以及柘羯，皆波斯语Chaj一字之译音。”[①]我想从字音和文献上交互证明，向氏的拟测是毫无疑义的。

8. 站　站字的本义照《广韵》上说“久立也”，原来只有和“坐”字相对待的意思。至于近代语词驿站或车站的站字，那是从蒙古语 J̌am借来的。这个字和土耳其语或俄语的yam同出一源。《元史》中所谓“站赤”是J̌amči的对音，意译是管站的人。[②]

9. 八哥　八哥是鸜鹆的别名。《负暄杂录》说：“南唐李后主讳煜，改鸜鹆为八哥。”《尔雅翼》也说：“鸜鹆飞辄成群，字书谓之哵哵（原注，卜滑切）鸟。”哵哵就是阿拉伯语babghā 或 bābbāghā’的对音。阿拉伯人管鹦鹉叫做 babghā，鸜鹆和鹦鹉都是鸣禽里能效人言的，所以可以互相假借。

10. 没药　这味药是从开宝六年（973 A. D.）修《开宝本草》时才补入的。马忠说：“没药生波斯国，其块大小不定，黑色似安息香。”当是阿拉伯文murr的对音，译云“苦

① 向达《唐代长安与西域文明》，页94～95。

② 冯承钧《西域南海史地考证译丛续编》——伯希和《高丽史中之蒙古语》，页78，系读白鸟库吉《高丽史に见えわゐ蒙古语之解释》（东洋学报18卷pp. 72～80，东京，1929）的提要。

的”。中文或作没药，或作末药。“没”muət和“末”muât的声音和murr很相近的。李时珍说，“没、末皆梵言”，那是因为不知道来源才弄错的。

11. 胡卢巴　宋嘉祐二年（1057 A. D.）修《嘉祐补注本草》时才收入，一名苦豆。刘禹锡说：“出广州并黔州，春生苗，夏结子，子作细荚，至秋采。今人多用岭南者。或云是番萝卜子，未审的否？”苏颂《图经本草》说：“今出广州，或云种出海南诸番，盖其国芦菔子也。……唐以前方不见用，《本草》不著，盖是近出。”这味药也是阿拉伯文ḥulbah的对音，大约在9世纪左右才输入中国的。

12.祖母绿　绿柱玉（emerald）一名翠玉。《珍玩考》又称“祖母绿”。《辍耕录》作“助木剌”，《清秘藏》作“助水绿”（水盖木字的讹写）。后面这三个名词都由阿拉伯文zumurrud译音而成。①

以上所举的例子，有的历史比较早，有的流行很普遍，都是很值得注意的。此外像“淡巴菇”、“耶悉茗”借自波斯语的tambaco，jasmin，“阿芙蓉”借自阿拉伯语的afyun。这一类例子一时无从举完，我只能挑出些极常见的来以示一斑。

---

① 这四条例子里的阿拉伯文对音都承马坚教授指示，特此声谢！

*　　*　　*　　*

自从海禁大开以后，中国和欧美近代国家的来往一天比一天多，语言上的交通自然也一天比一天频繁。要想逐一列举那是绝对不可能的。为便于概括叙述，咱们姑且把近代汉语里的外国借字分作四项：

1. 声音的替代（phonetic substitution）　就是把外国语词的声音转写下来，或混合外国语言和本地的意义造成新词。细分起来，再可列作四目：

①纯译音的。例如广州管保险叫燕梳（insure），邮票叫士担（stamp），叫卖叫夜冷（yelling），牌号叫嘜（mark），商人叫孖毡（merchant），时兴叫花臣（fashion），发动机叫磨打（motor），十二个叫打臣（dozen），四分之一叫骨或刮（quarter），支票叫则或赤（check），一分钱叫先（cent）之类，都是由英语借来的。上海话管机器叫引擎（engine），软椅叫沙发（sofa），暖气管叫水汀（steam），电灯插销叫扑落（plug），洋行买办叫刚白度（compradore），也是从英语借来的。此外像各地通行的咖啡（coffee）、可可（cocoa）、雪茄（cigar）、朱古力（chocolate）、烟士披里纯（inspiration）、德谟克拉西（democracy）等等也应属于这

一目。

② 音兼义的。有些借字虽然是译音，但所选用的字往往和那种物件的意义有些关系。例如吉林管耕地的机器叫马神（машина），哈尔滨管面包叫裂粑（хлеб），火炉叫壁里砌（печь），这是受俄语的影响。此外广州话管领事叫江臣（consul），管电话叫德律风（telephone），还有人把美国一种凉爽饮料译作可口可乐（Coca-Cola），把世界语译作爱斯不难读（Esperanto），也都是属于这一目。

③ 音加义的。这类借字有一部分是原来的译音，另外加上的一部分却是本地话的意义。例如广州话管衬衣叫恤衫（shirt），管支票叫则纸（check），还有普通话里的冰激凌（ice cream）、卡车（car）、卡片（card）、白塔油（butter）、佛兰绒（flannel）之类，都属于这一目。药名金鸡纳霜和英语的quinine不大相符，可是咱们得知道这个字的前半是西班牙文quinquina的对音，霜字是形容那种白药末儿的样子。

④ 译音误作译义的。例如“爱美的”一词原是amateur的译音，意思是指着非职业的爱好者。可是有人望文生训把“爱美的戏剧家”误解作追逐女角儿的登徒子，那就未免唐突这班“票友”了！

2. 新谐声字（new phonetic-compound） 外国语词借到中国后，中国的文人想把它们汉化，于是就着原来的译音再应用传统的“飞禽安鸟，水族著鱼”的办法硬把它们写作谐声字，在不明来源的人看，简直不能发现它们的外国色彩。这种方法由来已久。例如从玉巿声的琊字，见于许慎《说文》，很少人知道它是梵文俗语 velūriya 的缩写（参看上文璧流离）；从衣加声和从衣沙声的袈裟见于葛洪《字苑》，很少人知道它是梵文雅语 kāsaya 的译音。此外，像莳萝（cumin）出于中世波斯语的 zīra，茉莉（jasmin）出于梵文的 malli：在习焉不察的中国读者恐怕极少知道这两种植物是由外国移植过来的。自从科学输入以后，像化学名词的铝（aluminum）、钙（calcium）、氨（ammonia）、氦（helium）之类，更是多得不可胜数。至于广州话管压水机（pump）叫做“泵”，那似乎又是新会意字而不是谐声字了。

3. 借译词（loan-translation） 当许多中国旧来没有的观念初从外国借来时，翻译的人不能把它们和旧观念印证，只好把原来的语词逐字直译下来，这就是所谓借译。这类借字大概以抽象名词居多。当佛法输入中国以后，佛经里有很多这一类的借译词。像“我执”（ātma-grā

ha）、“法性”（dharmakara）、“有情”（sattva）、“因缘”（hetupratyaya）、“大方便”（mahopāya）、“法平等”（dharmasamatā）之类，都是属于这一项。近代借字的许多哲学名词，像格林（Thomas H. Green）的“自我实现”（self-realization）、尼采（Friedrich W. Nietzsche）的“超人”（Übermensch），也都是所谓借译词。

4. 描写词（descriptive form） 有些外来的东西找不出相等的本地名词，于是就造一个新词来描写它，或者在多少可以比较的本地物体上加上“胡”、“洋”、“番”、“西”一类的字样，这就是所谓描写词。这种借字的方法从很早就有的。在中国把西方民族通通看做“胡人”的时候，已经有胡葱（Kashgar的onion）、胡椒（印度的pepper）、胡麻（外来的flax和sesame）、胡瓜（cucumber）、胡萝卜（carrot）等等。稍晚一点儿便有把泛称的“胡”字改作地名或国名的，像安息香（the fragrant substance from Arsak or Par-thia）[①]、波斯枣（Persian date）之类。近代借字里的描写词，有的加国名，像荷兰水（soda water）、荷兰薯（potato）、荷兰豆（peas）；有的加“西”字，

① Thomas Watters, *Chinese Language*, pp. 328～331.

像西米（sago）[1]、西红柿（tomato）；有的加“番”字，像番茄（tomato）、番枧（soap）；有的加“洋”字，像洋火或洋取灯儿（match）、洋烟卷儿（cigarettes）。还有不加任何地域性的词头，只就东西的性质来描写的，像广州管煤油（petroleum）叫“火水”，管洋火（match）叫“火柴”，也都是所谓描写词。

以上所举的几条例子不过想把中国语里的外来借字稍微指出一些纲领。若要详细研究，广博搜讨，那简直可以写成一部有相当分量的书。然而这却不是轻而易举的事。因为从事这种工作的人，不单得有语言学的训练，而且对于中西交通的历史也得有丰富的常识，否则难免陷于错误。例如，李玄伯在《中国古代社会新研》里说：“focus者，拉丁所以称圣火也。中国古音火音近佛，略如法语之feu，现在广东、陕西语所读的仍如是。focus之重音原在foc，由focus而变为火之古音，亦如拉丁语focus之变为法语之feu，失其尾音而已。”我们先不必抬出“古无轻唇音”的高深考证来，单就火属晓纽［x］不属非纽［f］一点来说，就可把这个说法驳倒了！况且比较语言学

① sago中国也写作砂谷或西谷。在安南作saku，印度作sagu，马来作sagu。Grawford（*Des Dict. Indian Isl.*）以为这个字根本不是马来语，应该是从摩鹿加群岛（Molucca Islands）的土语演变而来的。参看Thomas Watters前引书pp. 342～343。

本来没那么简单，如果不能讲通成套的规律，就是把一个单词孤证讲到圆通已极，也不过枉费工夫罢了。至于把拉丁语中国古语硬扯关系也和早期传教士推溯汉语和希伯来语同源弄成一样的笑话！

当两种文化接触时，照例上层文化影响低级文化较多。然而专以借字而论，中国语里却有入超现象。这当然不能纯以文化高低作评判的标准，另外还有许多别的原因。第一，当闭关自守时代，中国一向以天朝自居，抱着内诸夏而外夷狄的态度。固有的哲学、宗教、艺术、文化，四裔诸邦很少能领略接受，因此语词的交流至多限于一些贸易的商品或官吏的头衔。第二，中国向来对于外国语不屑于深入研究，遇到有交换意见的必要也不过靠着几个通译的舌人，到底有若干语词流入异域，从来没有人注意过。第三，自从海禁大开以后，西洋人固然翻译了不少经典古籍，可是除去专名和不可意译的词句很少采取“声音替代”的借字法，就是有些借译词或描写词也容易被一般人所忽略。第四，汉语的方言太复杂，从一种方言借出去的字，说别种方言的人不见得能了解，因此就不觉得它是中国话。有这种种原因难怪中国语里的借词多于贷词了。

对于外国语里的中国贷词研究，据我所知，像史莱格尔（Gustav Schlegel）对于马来话[①]，劳佛对于西藏话[②]，李方桂对于泰语[③]，Ko Taw Seim对于缅甸语[④]，佘坤珊对于英语[⑤]，都供给一些材料。可是要作系统研究，还得需要若干专家去分工合作才行。我在这里只能举几个简单的例。

有些中国字借到外国语里以后，翻译的人又把它重译回头，因为昧于所出，不能还原，于是写成了几个不相干的字。这样展转传讹，连"唐人都唔知呢啲系唐话喽"！例如，《元朝秘史》壹"捏坤太子"中的"太子"两字，《圣武亲征录》（王国维校本页35）作"大石"，《元史》壹零柒《世系表》和《辍耕录》都作"大司"，《蒙古源流》叁又作"泰实"：其实这只是汉语"太师"二字的蒙古

① Gustav Schlegel，*Chinese Loanwords in the Malay Language*， T. P. Ⅰ（1890），pp. 391～405.

② Berthold Laufer，*Loanwords in Tibetan*，T. P. s. Ⅱ，XⅦ（1916），pp. 403～552.

③ 李方桂《龙州土语》，南京，1940，pp. 20～36，*Some Old Chinese Loanwords in the Tai Language*，H. J. A. S. Ⅷ，p. 344（March，1945），pp. 332～342。

④ Ko Taw Seim，*Chinese Words in the Burmese Language*，India Antiquiry，XXXV（1906），pp. 211～212.

⑤ 佘坤珊《英文里的中国字》，《文讯》第1期，页5～17，贵阳文通书局出版。

译音taiši。[①]同样，《元朝秘史》里的“桑昆”（sänggün或sänggum），一般人认为是“将军”的对音，伯希和却怀疑它是“相公”的对音。[②]此外，那珂通世以为蒙语“兀真”（或作“乌勤”，ujin）就是汉语“夫人”；“领昆”（linkum）就是汉语的“令公”。[③]照此类推，满洲话的“福晋”（fujin）虽然意思是汉语的“公主”[④]，可是就声音而论，它和“夫人”更接近了。英语里的typhoon，在1560年F. Mendes Pinto就开始用过了。关于它的语源，西洋的汉学家们，有的说出于希腊语的typhon，有的说出于阿拉伯语的t ū fān；有人认为它就是广东话“大风”的译音，还有人认为它借自台湾的特别词汇“台风”。[⑤]在这几说中我个人偏向第三说。不过，“台风”这个词在康熙二十三年（1684）《福建通志》卷

---

① 伯希和《蒙古侵略时代的土耳其斯坦评注》，见冯承钧译《西域南海史地考证译丛》三编，页40。

② 伯希和《蒙古侵略时代的土耳其斯坦评注》，见冯承钧译《西域南海史地考证译丛》三编，页42。

③ 李思纯《元史学》第三章，页126～127，引那珂通世《成吉思汗实录》，页33和该书叙论，页59。

④ Thomas Watters，*Chinese Language*，pp. 356～366.

⑤ Henry Yule and A. C. Bumell，Hobson-Jobson，*New edition*，edited by William Crooke，pp. 947～950；G. Schlegel，*Etymology of the Word Taifun*，T. P. s.Ⅶ（1896），pp. 581～585.

五十六《土风志》里就出现过，王渔洋的《香祖笔记》里也用过它。可见它从17世纪起就见于中国的载籍，不过修《康熙字典》时（1716）还没收入罢了。

萨皮尔说："借用外国词往往要修改它们的语音。一定会有些外国声音和重音特点不能适合本国的语音习惯。于是就把这些外国语音改变，使它们尽可能地不违反本国的语音习惯。因此咱们常常有语音上的妥协。例如近来介绍到英语来的camouflage（伪装）这个字，照现在通常的读音和英文或法文典型的语音习惯都不相合。词首送气的k，第二音节的模糊元音，l和末一个 a 的实在音质，尤其是第一音节上的强重音，这些都是无意识地同化于英文发音习惯的结果。这些结果把英美人所读的camouflage弄得跟法国人所读的显然不同。另一方面，第三音节里长而重的元音和'zh'音（像azure里的z）在末尾位置也显然是'非英语的'（un-English），就像中古英语在字首用 j 和 v 一样，起初一定觉得和英语惯例不合，可是这种生疏感现在早已磨灭了。"[①] 布龙菲尔德也说："本来介绍借字的或后来用它的人常常愿意省去他自己的双重筋肉调节，就用本地的发音来替换外国的发音。例如在一

① Edward Sapir，*Language*，pp.210～211.

句英语里有法文rouge这个字，他就用英语的［ r ］替换法语的小舌颤音，用英语的［uw］替换法语非复音的紧［u］。这种语音的替代在不同的说话者和不同的场合会有程度上的差别；没有学过法语发音的人们准会这样做。历史家把这种现象算作一种适应，就是改变外国的语词来迁就自己语言的基本发音习惯。”[①]由这两位著名语言学家的说法，咱们可以知道借字对于原来语言的改变率是相当大的。现在且举一个大家公认的汉语贷词但还不能确证它的原来汉字是什么的：

在7世纪突厥的碑文中有Tabghač 一个字，这是当时中央亚细亚人用来称中国的。这个名称在一定地域之中一直延存到元朝初年，因为1221年丘处机西行的时候，曾在伊犁听见“桃花石”（Tabghač ）这个名词。[②]在东罗马和回教徒的撰述里也见有这个名称，但有的写作 Tamghaj， Tomghaj， Toughaj，也有的写作Taugaš ， Tubgač 。它的来源当初并没判明，为什么叫“桃花石”也不得其解。夏德（F. Hirth）和劳佛（B. Laufer）以

① Leonard Bloomfield，*Language*， pp. 455～456.

②《长春真人西游记》卷上：“九月二十七日至阿里马城……土人呼果为阿里马，盖多果实，以是名其城。……土人惟以瓶取水，戴而归，及见中原汲器，喜曰：‘桃花石诸事毕竟巧’，桃花石谓汉人也。”《丛书集成》页12。

为这些字乃是“唐家”的对音[①]，桑原骘藏又进一步解释作“唐家子”[②]。伯希和以为“桃花石”的名称在7世纪初年Théophylacte Simocatta的撰述里早已写作Taughast，他所记的显然是6世纪末年的事迹和名称，同唐朝实在没关系。[③]他“曾考究桃花石原来的根据，或者就是拓跋。其对音虽不精确，而有可能。就历史方面来说，元魏占领中国北部，而在中亚以土姓著名，遂使中亚的人概名中国为拓跋。犹之后来占据元魏旧壤的辽朝，种名契丹，中亚的人又拿这个名字来称呼中国的情形一样。这也是意中必有的事”。[④]这三种假设，严格照对音推究起来，都不能算是精确。“唐家子”的说法虽然可以用同化（assimilation）的规律把Tamghaj或Tomghaj读作* Tangghaj

---

① F. Hirth，*Nachwörte zur Inschrift des Tonjukuk*， p. 35.

② 桑原骘藏说见其所著《宋末提举市舶西域人蒲寿庚之事迹》，页135～143（陈裕菁译《蒲寿庚考》，页103～109；冯攸译《中国阿拉伯海上交通史》，页132～143）；又《史林》第7卷第4号，页45～50。参阅向达《唐代长安与西域文明》，页25，注1。

③ 参考沙畹（Edouard Chavannes）撰《西突厥史料》（*Documents sur les Tou-kiue Occidentaux*，pp. 230～246）。因年代不合而不能考订Tabghač为唐朝，此说Yule在1866年早已说过了（*Cathay and the Way Thither*，Ⅰ，*L* Ⅲ）。

④ P. Pelliot，*L'orgine du Nom de "Chine"*，T. P. s. Ⅱ.XⅢ（1912），pp. 727～742；冯承钧《西域南海史地考证译丛》——伯希和《支那名称之起源》，页45～46。俄语称中国为КИТАЙ［k'i-t'ai］，即契丹之译音。

或者*Tongghaj，又可用西北方音丢掉鼻尾的现象勉强拿Tau或Tou对译“唐”字，可是Tubgač和Tapkač两个写法又不好解释了。总之，当初借字的人把中国古音歪曲太多，以至经过许多专家的揣测还不能确指它的来源，这的确不能不算是遗憾！

然而解释外国语里中国贷词的麻烦却还不止于此。照我的看法，另外还有时间和空间的两种困难：

凡是稍微知道一点汉语变迁史的人都应该明白，中国从周秦到现代，语音是随着时代变迁的。假若拿着现代汉语的标准去衡量不同时代的贷词，那就难免摸不着头绪。例如“石”字中古汉语读źĭăk，现代汉语读sï，在西藏借字里把“滑石”读作hasig，而把“玉石”读作yü-si，“钟乳石”读作grun-ru-si。[①]“石”字的-k尾（西藏写作-g）在前一个例里仍旧保存，在后两个例里却完全丢掉。这正可以显示三个字并不是在同一时代从内地借去的。如果单以现代音为标准就不能确认sig和si所对的原来是同一个字，并且把这可宝贵的音变佐证也忽略掉了。藏文借字的时代有明文可考的，咱们可举“笔”字做例。汉文的“笔”字藏文借字作pir。《唐会要》说：吐蕃王弄赞赞普（Sron-btsan Sgam-po）请唐高

① B. Laufer, *Loanwords in Tibetan*, T. P. s. Ⅱ, ⅩⅦ（1916）, p. 509, 521.

宗（650—683 A. D.）派遣造纸笔工人。①可见毛笔至晚在7世纪已经输入西藏了，古汉语的-t尾许多中亚语都用-r来对，所以pir恰是古汉语piĕt很精确的对音。准此类推，像“萝卜”作lá-bug或la-p‘ug，“铗子”作a-jab-tse，保存了中古音的-k尾或-p尾。它们借入藏语的时代一定比“粟米”su-mi或“鸭子”yā-tse早得多。因为“粟”（sǐwok）的-k尾和“鸭”（*âp）的-p尾，在后两个借字里都不见了。②

汉语贷词在方言里的分歧也正像在古今音中的差异一样。中国首先和马来人贸易的以厦门或其他闽南人居多。所以不单闽南语里渗入许多马来语词，就是马来语里的汉语贷词也都限于这一隅的方言，旁地方的人很难辨识它是从中国借去的。例如马来语里的angkin借自“红裙”，bami借自“白面”，bak或bek借自“墨”，tjit借自“拭”，niya借自“领”，tehkowan，tehko借自“茶罐”、“茶鼓”……凡是能说厦门语的一看见上面这些汉字就会读出很相近的［aŋ˨˦ kun˨˦］，［baʔ˥m ɪ˧˦］，［bak˥］，［biək˥］，［tɕ‘it˥˧］，［nɪã˥˧］，［te˨˦ kuan˧］，［te

① 《唐会要》卷九十七，页3下。闻人诠本卷一四六上，3a。

② 关于藏文借字各例，参看Laufer前引文，*T. P. s.* Ⅱ，ⅩⅦ（1916），p. 503，508，518，522。

˨˦ kɔ ˥˧] 等等声音；反之，他们听见那些马来声音也会联想到这些汉字。[1] 假设换一个旁的方言区里从来没听见过厦门或其他闽南方言的中国人，他无论如何也找不出相当的汉字来。这在从外国借来的字也有类似的现象。例如，梵文的 Bodhidharma，在中国的禅宗经论里一向译作菩提达摩或简称达摩，可是厦门人却把它写作陈茂。[2] 这不单把这位禅宗初祖汉化了，而且照厦门音读起来，陈茂 [tã ˨˦ mɔ ˧] 的确和达摩 [tat ˥˧ mo ˨˦] 没有什么大分别。同样，回教的教主 Mohammed 普通都译作穆罕默德，可是赵汝适在《诸蕃志》里却把他写作麻霞勿。[3] 这两个人名用国语读起来相差很多，从后一个译名绝对找不出它和 Mohammed 的渊源来。假如咱们请一位广东人念“麻霞勿”三字 [ma ˩ ha ˩ mɐt ˨]，岂不是很好的对音，比“穆罕默德”更贴切吗？

近百年来，中国和英美的接触最多，语言上的交互影响当

① 参看Gustav Schlegel，*Chinese Loanwords in the Malay Language*， T. P. Ⅰ（1890），p. 394，400，402，403；罗常培《厦门音系》，1930。

② Thomas Watters，*Chinese Language*， pp. 393～394.

③ Friedrich Hirth and W. W. Rochhill，*Chau Ju-kua*， *His Work on the Chinese and Arab Trade in the 12th and 13th Centuries*， *entitled Chu-fan-Chih*， St. Petersberg， 1912， pp. 116～120.

然也最大。关于汉语里的英文借字，我在上文已经约略提到，这里我想再举几个从汉语借到英文里的例。中国对外贸易以丝瓷茶为大宗，所以咱们先从这三种东西说起。

现在的英语的 silk（丝）中世英语作 silk 或 selk，它是从盎格鲁-撒克逊语 seolc，seoloc 演变来的；和古北欧语 silki，瑞典丹麦语 silke，立陶宛语 szilkai，俄语 shelk'，拉丁语 sericum，sericus，希腊语 s ē res，s ē rikos 都有关系。英语里的 *seres*，*seric*，*sericeous*，*serge*，*sericulture* 等都是它的孳乳字。[①] 汉语"丝"字的现代音 sɿ 和中古音 siː 虽然和印欧语里的各种语词不太切合，可是它的上古音 * si̯əg 就有几个音素可以和它们比较。所以印欧语里这些关于"丝"的语词无疑是从中国 * si̯əg 借去的。从历史来讲，丝业最初是中国发明的，也是我们物质文明最早传布到全世界的。我们养蚕和缫丝的方法在 3 世纪的时候传到日本。先是，日本派了几个高丽人到中国来学习，这些人回到日本去的时候带回了四个中国女子专教皇宫里的人各种纺织的技术。后来日人在 Settsu 省为这四个女子建了一座庙以纪念她们

① 参看《牛津字典》Ⅸ，si，p. 46；Walter W. Skeat，*A Concise Etymological Dictionary of the English Language*，p. 485；*Webster's New International Dictionery of the English Language*，2nd. Ed.，pp. 2285 b ~ 2337 b。

的功德。相传在 5 世纪的时候，有一个中国公主把蚕种和桑籽缝在她的帽子里，然后经和阗越葱岭而传到了印度。等到地中海的人学会养蚕的时候已经是 6 世纪了。当时罗马皇帝茹斯逖年（Justinian）派了两个波斯僧侣到中国来学习各种缫丝和纺织的秘密。约在纪元 550 年左右，这两个僧侣把蚕种藏在一根竹竿里才带到了君士坦丁，于是，“西欧 1200 多年的丝业都发源在这竹管里的宝藏”[①]。欧洲人所以叫中国作 Sěres 或 Sěrres，正可见他们心目中的中国就是产丝的国家。西洋人对于蚕能吐丝的事实好久不能了解，于是发生了很有趣的观念。有的人以为丝是一种植物，生长在树上。在 15 世纪的时候有一个英国人说：“有一种人叫 Serres，他们那里有一种树上长着像羊毛一般的叶子。”因此英国人常称丝作“中国羊毛”（Serres' wool）。这种观念的历史很古，罗马诗人 Virgil 就说过：

How the Serres spin， their fleecy forests in a slender twine.

（中国人把他们羊毛的树林纺成细纱。）

一直到16世纪，Lyly的书里还记载着很奇怪的传说，以为丝的衬衫能使皮肤出血！[②]

---

① *Encyclopadiadia Britanica*， vol. 20（14th ed.）， pp. 664～666.

② 佘坤珊前引文，页7。

后来中国和西欧的海上交通发达起来，我们输出的丝织品的种类也渐渐多了。于是流行在英国的贷词，有Canton crape（广东绉纱）或China-crape（中国绉纱），有pongee（本机绸），Chefoo silk（芝罘绸）或Shantung silk（山东绸）。此外像pekin指北京缎，nankeen指南京黄棉布，那又从丝织品推广到棉织品了。[①]

可以代表中国文化的输出品，除了丝以外就得算瓷器，我们中国的国名China也因此竟被移用。不过，Sĕrres是用出产品代表国名，China却是借国名代表出产品罢了。China和拉丁语Sinae，希腊语Thinai，印度语Cina都同出一源。关于它的语源，虽然有人以为它或者是纪元前4世纪时马来群岛航海家指示广东沿岸的名称[②]，可是我个人还赞成它是“秦的对音”[③]。当瓷器输入欧洲的时候，英国人管它叫chinaware，意思就是ware from China（中国货）。随后chinaware的意思变成ware made of china（瓷器），末了把ware也省去了，于

---

① 佘坤珊前引文，页6～7。

② 劳佛（B. Laufer）*The Name China*（《支那名称考》），*T. P. s.* Ⅱ，XⅢ（1912），pp. 719～726。

③ 伯希和（P. Pelliot）*Deux Intinéraires de Chine en Inde*，B. E. F. E. O. Ⅳ（1901），pp. 143～149，又*T. P. s.* Ⅱ，XⅢ（1912），pp. 727～742（见前）。

是就变成了china。现在“中国”和“瓷器”在英文里的分别只是字首大小写的区别。可是在说话里，Chinaman（中国人），chinaman（卖瓷器的人），甚至于和chinaman（瓷人）三个字的第一音段读音是一样的，只是第二音段的元音，因为轻重读的不同，分成［ə］和［æ］两音罢了。

中国的瓷器最初是16世纪的葡萄牙人带到欧洲去的。他们不像英国人那样含糊地叫“中国货”，而特别取了一个名字叫它porcellana（后来变成英文的porcelain），意思就是“蚌壳”，他们把那光润乳白的质地比作螺钿那样可爱。

英国的陶业到18世纪才有，以前都是依靠着中国输入大量的瓷器。随着陶业的发展，许多技术上的名词也进了英文。起先他们由中国输入不可缺的原料如“高岭土”（kaoling）和“白土子”（petuntze）。kaoling是江西景德镇西北高岭的译音。高岭土亦叫做china-clay，porcelain-clay或china-metal。白土子也是原料之一，但是没有高岭土价值贵。这两种原料配合的成分“好的瓷各半；普通的用三分高岭土对六分白土子；最粗的也得用一分高岭土对三分白土子”[①]。制

① *Encylopadia Britanica*，vol. 5，p. 549，china-clay：《牛津字典》Ⅱ，p. 35 Ⅰ，又Ⅴ，p. 652。

成瓷器以后，第二步当然要加彩色，于是china-glaze，china-paints，china-blue，china-stone 种种瓷釉的名称也跟着来了。最初他们着重模仿中国瓷器上的花纹，所以“麒麟”（chilin or kilin）、“凤凰”（fenghwang）和“柳树”（willow pattern）也被他们学去了。柳树花纹是英人托马斯·特纳Thomas Turner在1780年输入英国的。后来这个图案很受欢迎，于是日本商人看到有机可乘，就大量地仿造，用廉价卖给英美的平民。①

第三种代表中国文化的出产品就要推茶了。这种饮料在世界文明上的贡献恐怕不亚于丝和瓷。中国饮茶的风气从唐时才开始盛行起来②，但张华《博物志》已经有“饮真茶令人少眠”的话，可见茶有提神止渴的功用晋朝时候的人早就知道了。外国流行一个关于茶的传说，也可证明它的功用。相传印度的和尚菩提达摩（Bodhidharma）发愿要睁着眼打坐九年。三年终了的时候他发觉两只眼睛闭上了，于是割去了眼皮继续打坐。到了第六年终了正疲倦要睡的时候，偶然伸手从身旁的

---

① 佘坤珊前引文，页7～9。

② 封演《封氏闻见记》：“李季卿宣慰江南，时茶饮初盛行。陆羽来见。既坐，手自烹茶，口通茶名，区分指点，李公心鄙之。茶罢，命奴子取钱三十文酬茶博士。”按陆羽于上元初（760 A. D.）隐苕溪，则茶饮盛行于8世纪中叶。

一棵树上摘下一个叶子来含在嘴里，顿觉精神百倍，使他达到九年不睡的初愿。①

欧洲最早的茶商是葡萄牙人。②他们在16世纪的末叶到中国来买茶，那时他们采用普通话的读音cha。后来远东的茶叶都操在荷兰人的手里。这些荷兰人都集中在南洋一带，所以厦门人先把茶叶由中国运到爪哇的万丹（Bantan），然后再用荷兰船载往欧洲各国。厦门口语管茶叫做［te ˨˦］，荷兰人也跟着读t*é*h。因此欧洲人凡是喝荷兰茶的像法、德、丹麦等国的人都采用厦门音（例如法语th*é*，德语Tee或Thee，较早的欧洲音tā），而喝大陆茶的俄、波、意诸国都保持官音（例如，意语cia，俄语чай［tʃʻaːi］，葡萄牙语o chá）。英国最早也采用官音（例如Thomas Blount在1674年的作品里就拼作cha），后来因为大量地购买荷兰茶的关系才把cha废掉而改用tea。Tea在英文里最初的出现，是1615年东印度公司一个职员威克涵（Wickham）的信里；1600年9月28日裴匹斯（Samuel

① *Encyclopadia Britanica*, vol.21（14th ed.）, p. 857.

② 关于茶的最早记录，在852年有阿拉伯sēkh字见于*Relation des Voyages faits par les Arabes et les persons dans l'Indie et à la Chine dans le IXe Siècle de l'ere Chritienne*, Reinaud译本Ⅰ, p. 40，又作Chai Catai，见1545年*Ramusio Dichiaratione*, in Ⅱ, p. 15；参阅Hobson-Jobson, new edition, pp. 905～908。

Pepys）的日记里又拼作tee。[1]起初英人把茶看做一种极珍贵的饮料，后来渐渐变成一般平民不可少的日用品。同时英人也不专靠荷兰茶商的供给，他们自己到中国来采购各地名产。一时茶类名目的繁多引起了下面四句诗：

What tongue can tell the various kinds of tea?
Of Black and Greens， of Hyson and Bohea;
With Singlo， Congou， Pekoe and Souchong，
Cowslip the fragrant， Gunpowder the strong.

Bohea 就是福建的“武夷”,Pekoe 是“白毫”,Congou 是所谓“功夫茶”，Hyson 是“熙春”，Cowslip 是“牛舌”，Gunpowder 近于我们所谓“高末儿”。在这首诗以外的还有 Twankay“屯溪”，Keemun“祁门”，Oolong“乌龙”，Young Hyson 或 Yü chien“雨前”，也随着茶叶输入到英文里去。茶叶以外还有砖茶（brick-tea）、瓦茶（tile-tea）和粒茶（tisty-tosty）等，那只是质地和形状上的区别罢了。

---

① W. W. Skeat，*A Concise Etymological Dictionary of the English Language*， p. 545，*Encyclopadia Britanica*，vol. 22（14th ed.），p. 857.

一部分英国人以为饮茶可以使人懦弱，所以管好喝茶的人叫 tea-spiller 或 tea-sot 。从茶字英文也产生了一个成语：“to take tea with”，意思是和人计较，特别是含敌对的意思。这也许由上海所谓“吃讲茶”来的。因为吃茶的习惯，英国人在日常生活里增加了不少新东西：像 tea cloth（茶巾），teapot（茶壶），teacup（茶杯），teakettle（开水壶），tea urn（茶罐），teaspoon（茶匙），teatable（茶桌）， teatray（茶盘），teaset（茶具），tea rose（茶香月季），tea biscuit（茶饼），tea gown（茶礼服），tea party 或 tea fight（茶话会），tea service（备茶，清茶恭候）等等，都是从茶的文化输入英国后才产生的。我国近来所用“茶话会”的名词和办法也恰好像管牛肉汁叫“牛肉茶”（beef tea）一样，它们都是中国字到外国旅行一趟，沾染上些洋味儿又回到本国来了。①

除了茶叶之外，我们还有好多种植移输入英美去。属于花草类的有 china-aster（蓝菊），china-rose（月季），china-berry（楝树），china-pink（石竹）等；属于水果类的有 china-orange 也叫 mandarin orange（金钱橘），loquat（栌橘或枇杷），litchie（荔枝），cumquat（金橘），whampee（黄皮）；属

① 佘坤珊前引文，页9～12。

于蔬菜的有 pakchoi，petsai 或 chinese cabbage（白菜），china-squash（南瓜），china-pea（豌豆），china-bean（豇豆）等；属于药材类的有 ginseng（人参），galingale（莎草或高凉姜）①，chinaroot（菝葜根）等。此外还有中国的苎麻（china-grass 或 china-straw），据说是自然界中最坚固的纤维；由桐树上所榨取的桐油（tung-oil 或 wood-oil），它在抗日战争时几乎变成我国唯一换取外汇的输出品。

咱们再看看有关商业和海上生活一类的字。西洋人来和咱们通商，第一当然要明了中国的度量衡和币制。有些名词像“细丝”（sycee）、“两”（liang）、“里、厘”（li），他

---

① 高凉姜现广东称良姜。汉高康县，三国时名高良郡，今广东高州。此字在中世纪时西行路线，一般以为是汉语（广东）—波斯语—阿拉伯语—法文—英文。在英国有极长久的历史。《牛津字典》上说：galingale大概是来自中文的“Koliang kiang”，意思是“mild ginger from *ko*”，a prefecture in the province of Canton.这种姜除了当药用之外，主要是作烹饪里的香料。凡是中古欧洲的厨子都要会用这不可缺少的调味姜。英诗人乔叟（Chaucer，1340—1440）在他的*Canterbury Tales*里曾经描写他的厨子有专门手艺做姜煨小鸡，说：

A cook they hadde with hem for the nones，
To boille the chikens with the mary bones，
And poudre-marchant tart，and galingale.

可是远在乔叟以前三百五十年，英文已经发现有Rev. G. A. Stuart，*Chinese Materia Medica*，pp.31～33。按马坚教授云：阿拉伯人译高凉姜为khulinjān，传入德国变成galingal，传入英国后再变为galingale。

们就用“声音替代”法直接借过来。“细丝”本来是指银子的纹理，后来就变成了“元宝”的别名。不过，中英贸易本来是由南洋渐渐北移到沿海的中国本土，因此有些名词英国商人就懒得译音，而采取他们熟识的马来字来代替：teal（银两），catty（斤），picul（担）等，便都是这一类。关于海上生活的字，像typhoon是“大风”的对音，咱们在上文已经讨论过了。除此之外，sampan（舢板），tanka（疍家）一类的字也可以给“浮家泛宅”的疍民生活映出一张小照。上海自从道光二十二年（1842）开做商埠后成了国际贸易的重心，所以shanghai这个字在英文里的意义也特别多。它除去代表一种鸡（据说能生双黄蛋）、一种油（恐怕就是桐油）和一种枪以外，还代表一种绑票的行为。当一只船上缺少水手时，常到岸上找一个人，把他用药酒灌醉，叫他在船上做苦工。这种主动行为叫“to shanghai”，被害方面叫“to be shanghaied”。上海还有一种中西交通的特产就是洋泾浜英语。这种语文英美人叫pidgin或pigeon English。据说pidgin是中国人误读英语business的讹音。因为中国人不会读business，遂致错成pidgin，有些人说受葡萄牙语occupaçao（前二节丢了）的影响，此字亦拼作pigeon。洋泾浜英文的确是中英杂糅的结晶，是由一个不懂得英语的中国人和一个不懂中国语的英国人要想交换意见，自然而然产生的。它应用中文语法和有限的英文讹读字，临时凑成一种语言工具。应用的时候，双方各佐以手势和种种脸上的表情，随机应变。类似pidgin方式产生的字，咱们可以举cumshaw做例。这个字虽然有人以为粤语“感谢”的音译，可是很可能是commission的误读。因为cumshaw的意思并不限于“礼物”、“小账”，而实在含有“佣钱”的意思在里头。

此外，由我国近代史实或官制借到英文里去的，有Taiping（太平天国），Boxer（义和拳），Kuo-mintang（国民党），yamen（衙门），tupan（督办），tuchun（督军）[①]，tsungli（总理），tipao（地保）等等；由我国输出的玩艺儿得名的，有tangram（七巧图），fire-craker（爆竹），gold-fish（金鱼），Chinese-tumbler（扳不倒儿），Chinese-lantern（纸灯笼）等等；甚至于连代表“本位文化”的赌博：“番摊”（fan-tan）和“麻将”（mah-jong），在英美的交际场上也都不是陌生的语词了！Chopsuey起初不过是一碟普通的“炒杂拌儿”，推究语源只是“杂碎”的对音。可是现在它已成了中国菜的总名，连纽约极大

① 由这个字演生的还有tuchunate和tuchunism两个字。

的餐馆，像羊城、顶好、上海饭店也都用chopsuey house做招牌。外国人吃中国饭的大障碍显然是那双筷子，起初他们译作nimble sticks，不过现在还是叫chopsticks最普通。由我们的民间用语流入英文里的，可以拿feng-shui（风水）做代表。Joss这个字本来是pidgin英语从葡萄牙文Deos（神）借来的，在中国特指神的偶像。于是他们管中国的佛堂叫Joss-house，庙里边的香叫Joss-stick。[①]

中国素号“礼仪之邦”，咱们传统的繁文缛节不免给西洋人很深刻的印象。有时他们觉得咱们过分的拘泥礼节了。法国人很幽默地把一切繁文缛节叫做Chinoiserie。这个字的精彩很快地被英国人所赏识，于是就借了去变成chinesery。[②]咱们还有时为顾全对方的面子起见不肯当时表示异议，英国人管这种虚伪叫做Chinese compliment。说到“顾全面子”恐怕是我们对于英文最得意的贡献了。在英文学用的成语里有“to save one’s face”一句话，据《牛津字典》记载这句话的来源说：

---

① 佘坤珊前引文，页14～16。

②《简明牛津法文字典》，p. 163，a；《牛津字典》Ⅱ，p. 354；《韦氏字典》pp. 468～469；向达说：“Chinoiserie一词始于18世纪，其时它的字义指着一种中国风尚。Reichwan的*China and Europe*一书有专章讨论它。”

Originally used by the English community in China, with reference to the continual devices among the Chinese to avoid incurring or inflicting disgrace. The exact phrase appears not to occur in Chinese, but "to lose face" (丢脸), and "for the sake of his face" (为他的面子) are common.

可是在《韦氏字典》却承认"to lose face"在美国的普遍性了。[①]

在旧礼节中，外国人顶不习惯的是跪拜礼。所以《牛津字典》里对于kowtow（叩头）这个字有一句富有幽默的描写：

The Chinese were determined they should be kept in the constant practice of the koo-too, or ceremony of genuflection and prostration.[②]

其实中国人哪里都是常常屈膝叩头的呢！武清郭琴石（家声）师有一首咏叩头虫诗说："如豆形骸不自休，黑衣未脱

---

①《牛津字典》Ⅸ，p. 137；《韦氏字典》p. 1460，C。

②《牛津字典》Ⅴ，p. 753。

便包羞。有生直合为强项，此豸缘何但叩头？只要眼前容请放，焉知皮里蓄阳秋！倘教拒斧能相识，一怒真应嫉若雠！”[1]它很可以代表一部分“有生直合为强项”的中国人的抱负！在近代中国外交史上还有一段关于叩头的故事：当清嘉庆二十一年（1816）英国的亚墨哈斯（Lord Amherst）奉使来华，因为不肯在觐见时遵行跪拜礼，清廷就勒令他回国，并有“嗣后毋庸遣使远来，徒烦跋涉”的话！这场关于“叩头”的纠纷，有清仁宗为英使亚墨哈斯来华致英王的敕谕为证：

> ……尔使臣始达天津，朕饬派官吏在彼赐宴。讵尔使臣于谢宴时即不遵节礼。朕以远国小臣未娴仪度，可从矜恕。特命大臣于尔使臣将次抵京之时，告以乾隆五十八年使臣行礼悉跪叩如仪，此次岂容改异？尔使臣面告我大臣以临期遵行跪叩，不至愆仪。我大臣据以入奏。朕乃降旨于七月初七日令尔使臣瞻觐；初八日于正大光明殿赐宴颁赏，再于同乐园赐食；初九日陛辞，并于是日赐游万寿山；十一日在太和门颁赏，再赴礼部筵宴；十二日遣

①《忍冬书屋诗集》，叁，七。

行：其行礼日期仪节，我大臣具体已告知尔使臣矣。初七日瞻觐之期，尔使臣已至宫门，朕将御殿，尔正使忽称急病，不能动履。朕以正使猝病，事或有之，因只令副使入见。乃副使二人亦同称患病，其为无礼，莫此之甚！朕不加深责，即日遣令回国！……[1]

相传这里头还有国中官吏从中拨弄的内幕。不管怎样，这总算中国外交史上一段有关"叩头"的趣事。英文里还有chin-chin一字，本来是我们的口头语"请请"的译音。《牛津字典》上说"请请"是"A phrase of salutation"，照它所引证的例句来看：

We soon fixed them in their seats， both parties repeating *chin chin chin*， *chin*， the Chinese term of saluation. [1795 Symes, *Embassy to Ava* 295（Y.）]

这句话里的"请请"分明是让座的意思，并不是问好，不

①《清仁宗实录》，叁贰零，五，王先谦《东华录》嘉庆肆贰，一；Harley Farnsworth MacNair，*Modern Chinese History selected Readings*， Shanghai，1923， pp. 11～13。

过展转引申，渐渐地变成致敬的意思：

On the thirty-sixth day from Charing-cross a traveller can be making his *chin-chin* to a Chinese mandarin.（1885 Paul Mall G. 15 Apr. 4/1）

后来索性变成动词“to salute， greet”： She“*Chin-chins*” the captain，and then nods her pretty head.（1959 *All Y. Round No*1，18.）[①]这未免以讹传讹，离开本义很远了。

以上关于中国话借进来或借出去的语词已经拉杂地举了好些例子，可是这仅仅是汉语借字研究的起例发凡。我很希望后起的同志能够受我这一点儿示例的启发更有进一步的探讨。最后我且引帕默的话作本章的结束：

> 从语言借字的分析，可以看出文化的接触和民族的关系来。这恰好像考古学家从陶器、装饰器和兵器的分布可以推出结论来一样。[①]

---

①《牛津字典》Ⅱ p. 352， *Hobson-Jobson*，pp. 200～201。

咱们应该知道借字在语言研究中的重要，但咱们切不可陷于牵强附会的错误。正确的结论是由充实的学问、致密的方法、矜慎的态度追寻出来的。

① L. R. Palmer，*Modern Linguistics*，p. 159.

第五章　从地名看民族迁徙的踪迹

“地名的研究实在是语言学家最引人入胜的事业之一，因为它们时常供给重要的证据，可以补充和证实历史家和考古家的话。”①

在英国的西部有好些地名都含有克勒特（Celtic）语的成分，比如Pendle Hill，Penhill，Penkridge，Pentrich含有威尔斯（Welsh）语的pen＝“头”，这些地名大部分发现在Dorsetshire，Wiltshire，Worcestershire，Staffordshire，Derbyshire和Lancashire几州。这种分布指示：“至少在英国西部曾经有很多说克勒特语的人口遗迹。那么，让我们且举一个可以注意的例。在Dorsetshire的东北角Cranborne Chase森林中间，毗连叫

① L.R.Palmer，*Modern Linguistics*，p. 168.

做格林姆古壕（Grirm’s Ditch）的一边，有一堆克勒特语的地名。这个全区域被许多不列颠村落的遗址所围绕着。”这个结论是Zachrisson在他最近的研究《古不列颠的罗马人、克勒特人和撒克逊人》（*Romans, Celts and Saxons in Ancient Britain*）中所得到的。[①]

还有Avon也是一个克勒特字，意思是“河”。“它在曼克斯（Manx）语写作Aon，盖尔（Gaelic）语写作Abhainn（读作avain）。我们也可以找到古代的读法amhaim，auwon。这个字变成英格兰、苏格兰、法国和意大利许多河的专名。Stratford Avon流经Warwickshire和Worcestershire。Bristol Avon把Gloucester和Somerset两州分开。在Gloucestershire还有一条小Avon流近Berkeley炮台。有一条Hampshire Avon流过Salisbury到Christchurch。另外一条在Lyminton入海。在Devon，Monmouth，Glamorgan，Lanark，Stirling，Banff，Kincardine，Dumfries和Rose诸州，我们也有好几条河叫做Avon和Evan。”[②]总括起来说，这一条克勒特的地名带从波希米亚（Bohemia）伸展，经过欧洲直到英伦，像Vienna，Paris，

---

① L.R.Palmer，*Modern Linguistics*，p. 169.

② Isac Taylor，*Words and Places*，p. 153.

London 都在它的范围里头。[①]

斯堪的纳维亚人（Scandinavian）在英国的殖民也可以由地名的研究解明。就像 Ingleby 这一个字（英文的village“村落”或 farm“田庄”），便能显现斯堪的纳维亚侵略者在Yorkshire的加紧殖民。因为照毛尔（Mawer）所指出的，“除非在这些区域的人口里斯堪的纳维亚人曾经占过优势，偶然有最古居民的残存，这个字应该是没有意义的。”[②]

被征服民族的文化借字残余在征服者的语言里的，大部分是地名。在美国的印第安人（Indian）文化遗迹已经日渐消失了，可是有许多地名却都是从印第安借来的，现成的例子就有 Massachusetts，Wisconsin，Michigan，Illinois，Chicago，Milwaukee，Oshkosh，Sheboygan，Waukegan，Muskegon 等等。[③]

从中国的地理沿革上，也可以找到许多地名显示出古代民族交通的踪迹。例如，《汉书·地理志》张掖郡治下有骊

① Leonard Bloomfield，*Language*，p. 464.

② L. R. Palmer，*Modern Linguistics*，p. 170.

③ L. Bloomfield，*Language*，p. 464， 参看 Aifred Louis，*California Place Names of Indian Origin*（1916 Berkeley， University of California Press）。

軒县，故址在今甘肃永昌县南。钱坫《新斠注地理志》卷十二“骊靬县”条云：“《说文解字》作骊靬，《张骞传》作犛轩，《西域传》作犁靬，本以骊靬降人置县。”《史记·大宛传》的黎轩，《后汉书·西域传》的犁鞬，也就是这个地方。关于骊靬这个地名的解释，夏德（F. Hirth）说是Rekem[①]，白鸟库吉说是（A）lek（s）an（dria）的缩译[②]，此外还有很多不同的解释。[③]桑原騭藏说：“骊靬名称的解释，虽然还没有定说，可是它是当时罗马帝国或其一部分的地名，现在的学术界已经没有异议了。”[④]《汉书·地理志》又有龟兹县，颜师古注：“龟兹国人来降附者，处之于此县，故以名云。”《新斠注地理志》卷十三谓即陕西米脂县。按古龟兹（Kuči）在现在新疆库车县（Kuča），汉代的龟兹县既然在现在陕西的米脂境，可见当时已经有一部分龟兹人移居陕西了。[⑤]又《汉书·西域传》下“温宿国”条，颜师

① Hirth，*China and the Roman Orient*， p.171.

② 明治三十七年4月号《史学杂志》所载《大秦国及指秣国考》，页25～26；又王古鲁译，《塞外史地论文译丛》第1辑，页16～18。

③ 参看Hirth，*China and the Roman*；p. 170。

④⑤ 桑原騭藏《关于隋唐时代来往中国之西域人》，载内藤博士《还历祝贺支那学论丛》，此文经何健民译称《隋唐时代西域人华化考》，中华书局出版。

古注："今雍州（陕西）醴泉县北，有山名温宿岭者，本因汉时得温宿国人令居此地田牧，因以为名。"按古温宿国在今新疆阿克苏县，那么，汉时温宿岭的得名，也由移民而起。[①]

西晋末年，五胡乱华，中原沦陷。元帝南渡，重在建康立国。中原人民不堪异族蹂躏的，相率往江南迁徙。他们起初还抱着侨居的思想，打算重返故乡。终于因为二百多年中原不能收复，久而久之，也不再有北归的念头，他们的后裔就死心塌地地做了南方人了。这次民族迁徙是中华民族发展史上一大关键。不过因为它是民间自动的事情，和朝廷法令没有关系，所以正史纪传很少详细的记载。后代研究历史的人虽然明明知道这件事情，可是对于当时迁徙的情况却不大了然。假如咱们打算在现存的史料里明了这次民族迁徙的情况，唯一的办法就是从当时侨置的州郡县去找线索。

当时对于南渡的老百姓，有根据他们的旧籍贯侨置州郡县的制度。（例如，兰陵郡和东莞郡晋初本来都在现在的山东境内，后来因为这两郡的住民迁徙到现在的江苏武进县境内，于是就在该地侨置南兰陵郡和南东莞郡。这就叫做"侨郡"。州

① 桑原骘藏《关于隋唐时代来往中国之西域人》，载内藤博士《还历祝贺支那学论丛》，此文经何健民译称《隋唐时代西域人华化考》，中华书局出版。

县仿此，下文可据此类推）原来的用意是在使这批流亡的人们怀念故土，不忘北归，咱们却可根据这些侨置的地名去了解这次民族迁徙的情况。这种侨置州郡县在沈约《宋书·州郡志》、萧子显《南齐书·州郡志》和唐人所修的《晋书·地理志》里，都有详细的记载。咱们只要把这些记载整齐排比起来，考证它们侨寄的所在地和年代等等，当时迁徙的痕迹就不难明了大半了。谭其骧的《晋永嘉丧乱后的民族迁徙》①一文就是这样作成的。他照现在的行政区域把江苏、安徽、湖北、江西、湖南、四川、河南、陕西、山东九省里在当时的侨州郡县，根据《宋书·州郡志》把它们的“本地”、“侨地”列成详表，并且把东晋、宋初和南齐制度的参差处也列在备考里边。照他考证的结果：

“江苏省所接受之移民，较之其他各省特多，以帝都所在故也。见诸《宋志》者，计有侨郡二十三，侨县七十五。其中来自北方诸省者以山东占极大多数十五侨郡三十九侨县，河北次之一侨郡五侨县，河南、山西、陕西又次之河南一郡二县，山西三县，陕西一郡一县，独甘肃无。而本省及安徽省境内淮南北之人，又多有侨在江南北者本省三郡二十一县，安徽三郡三县。至侨

①《燕京学报》第15期（1934），页51～76。

民麕集之地，则江南以今之江宁、镇江、武进一带为最，江北以今之江都、淮阴诸县地为最。”

“安徽省境内侨民之来自北方诸省以河南占极大多数八侨郡五十四侨县，河北次之一侨郡六侨县，山东、山西又次之各三侨县，陕甘二省无。而本省及江苏省境内淮南北之人，亦多侨在大江南北本省四郡十三县，江苏一郡六县。江北所接受之移民较江南为多，此与江苏省境内之情形相反。侨在江南者都聚于下游芜湖附近一隅，江北则散处江、淮间，自滁、和以至于颍、亳所在皆侨置郡县。……今江南有当涂、繁昌二县，其名皆得于东晋世所立之侨县。按当涂西晋故属淮南郡，今怀远县地；繁昌故属襄城郡，今河南临颍县地。睹名思义，犹可想见当时河南、淮南人之走在江南也。”

“湖北一省可划分为三区而论：一、江域上游，江陵、松滋一带，其侨民多来自山西、陕西、河南，又有苏、皖之淮域人。二、江域下游，武昌、黄梅一带，其侨民多来自河南，亦有安徽之淮北人。三、汉水流域，上自郧西、竹溪，下至宜城、钟祥，而以襄阳为之中心；是区所接受之移民倍于本省其他二区，而以来自陕西者为最多，河南、甘肃次之，河北、山西、安徽、四川又次之……今省境内有松滋县，亦得名于东晋之侨县。按松滋西晋故属安丰郡，今安徽霍丘县地。”

"江西、湖南二省处皖、鄂之南，距中原已远，故流民之来处者较少，且其地域仅限于北边一小部分。"

"四川省境内共有十余侨郡，数十侨县，然其情形至为简单：侨民除绝少数系河南人外，皆来自陕西、甘肃及本省之北部；侨地除彭山一地外，皆侨在成都东北，川、陕通途一带彭山亦接近成都。"

"河南省之大部分属黄河流域，南境旧南阳府及光州、信阳一带则属淮、汉流域。此淮、汉流域刘宋及萧齐皆据有之，故亦侨置郡县以处北土流民。其中大部分都来自本省北部，而宛、邓、丹、沘之间，亦有来自陕西、甘肃及河北南部者。"

"陕西自终南山以南属汉水流域，曰汉中，东晋及宋齐皆据有之。其侨民几皆来自甘肃、四川及本省之北部。"

"山东省全境皆属北部中国，然亦有侨州郡县者，以刘宋尝据有省境今黄河以东南之一大部分也。试分省境为三区，则东端登、莱半岛于输出输入两无关系，河以西北为输出区，中间一段为输入区。外省侨民大都来自河北，亦有河南之河以北及山西人。"

这篇文章可以算是"从地名看民族迁徙的踪迹"的一个有系统的具体的实例。本章限于篇幅不能转载各表，也不能逐一罗列各地名；读者愿意作进一步研究的可以参看原文。

关于中原人民南迁的途径，谭君以为：“如汉水为陕、甘人东南下之通途，故南郑、襄阳为汉域二大都会，同时亦为陕、甘移民之二大集合地。金牛道即南栈道为陕、甘人西南下之通途，故四川省境内之侨郡县，皆在此道附近。时邗沟已凿，穿通江、淮，故沟南端之江都及其对岸之镇江、武进，遂为山东及苏北移民之集合地。淮域诸支流皆东南向，故河南人大都东南迁安徽，不由正南移湖北也。”

南迁的时代，约略可分做四期：

①“大抵永嘉初乱，河北、山东、山西、河南及苏、皖之淮北流民，即相率过江、淮，是为第一次。元帝大兴三年（320 A. D.），以琅玡国人过江者侨立怀德县于建康，盖为以侨户立郡县之第一声。其后并侨置徐、兖、幽、冀、青、并、司诸州郡于江南北；明帝继之，又置徐、兖诸侨郡县于江南。

“《宋志序》，‘自夷狄乱华，司、冀、雍、凉、青、并、兖、豫、幽、平诸州一时沦没，遗民南渡，并侨置牧司’。

“《南徐州序》，‘晋永嘉大乱，幽、冀、青、并、兖州及徐州之淮北流民相率过淮，亦有过江在晋陵郡界者。徐、兖二州或治江北。江北又侨立幽、冀、青、并四州’。

“《晋志·司州后序》，‘元帝渡江，亦侨置司州于徐’。

“《晋志·徐州后序》，‘明帝又立南沛、南清河、南下邳、南东莞、南平昌、南济阴、南濮阳、南太平、南泰山、南济阳、南鲁等郡以属徐、兖二州’。”

②“成帝初以内乱引起外患，江、淮间大乱，于是淮南人及北方人向之侨在淮南者，更南走渡江，是为第二次。

“《宋志》扬州淮南郡，‘中原乱，胡寇屡南侵，淮南民多南渡。成帝初苏峻、祖约为乱于江、淮，胡寇又大至，民南渡江者转多，乃于江南侨立淮南郡及诸县’。

“南徐州，‘晋成帝咸和四年（329 A. D.）司空郗鉴又徙流民之在淮南者于晋陵郡界’。

“南豫州，‘成帝咸和四年（329 A. D.），侨立豫州，治芜湖’。”

③“自康、穆以后，‘胡亡氐乱’，中原兵燹连年，而以关右所遭之蹂躏为最甚，于是陕西、甘肃之人，多南出汉水流域；时桓温已灭蜀，胡亦有南走四川境者，是为第三次。

“《宋志》雍州，‘胡亡氐乱，雍、秦流民多南出樊、沔。晋孝武始于襄阳侨立雍州，并立侨郡县’。

“秦州，‘晋孝武复立，治襄阳。安帝世在汉中、南郑’。西京兆郡、西扶风郡，‘晋末三辅流民出汉中侨立’。

“益州安国郡，‘晋哀帝时流民入蜀侨立’。怀宁郡、晋熙郡，并秦、雍、关、陇流民，晋安帝立。”

④“宋武帝北平关、洛，复有青、冀、司、兖之地。自宋武帝没，南北交相侵略，而宋人屡败。少帝世既然已失司州，文帝世魏人又大举南侵，以至于瓜步六合县东南。至明帝世而淮北四州及豫州、淮西并没北庭，于是其民多南渡淮水；又文帝世氐虏数相攻击，关、陇流民亦多避难走在梁、益，是为第四次。

“《宋志》司州，‘少帝景平初（423 A. D.），司州复没北虏，文帝元嘉末（453 A. D.）侨立于汝南’。

“南兖州北淮郡、北济阴郡、东莞郡，并宋末失淮北侨立。

“兖州，‘宋末失淮北，侨立兖州，寄治淮阴’。又侨立东平郡于淮阴，侨立济南郡于淮阳。泰始五年（469 A. D.）侨立高平郡于淮南当涂县界。

“徐州，‘明帝世淮北没寇，侨立徐州，治钟离’。

“青州，‘明帝世失淮北，于鬱洲侨立青州’。

“雍州冯翊郡，秦州冯翊郡，三辅流民出襄阳、汉中，元嘉中侨立。

“益州南新巴郡、南晋寿郡，元嘉中以侨流于剑南立。

“《齐志》梁州，‘宋元嘉中……氐虏数相攻击，关、陇流民多避难归化’。”

由上文所罗列的材料，咱们对于当时各地方接受移民的数量、人民迁徙的途径和迁徙的时代，都可以得到一些颇为清晰的印象，可以补充正史纪传所缺略的地方。所以我认为谭君这篇文章是结合历史地理学和语言学的一个范例。

关于少数民族古今分布的差异也可以从地名透出曙光来，我们现在且举壮族做例。据芮逸夫的《西南少数民族虫兽偏旁命名考略》[1]，壮人的现代分布区域为：

广西——上思，蒙山，柳江，凤山，龙胜，永福，钟山，田西，修仁，贵县，三江，罗城，宜北，南丹，河池，果德，横县，凌云，东兰，田东，万冈，天保，向都，同正，平治，敬德。

广东——茂名，化县，信宜，电白，灵山。

贵州——荔波。

但是李荣在他的《民族与语言》第三节《从壮语地名考证壮人古代地理分布》[2]里，根据徐松石的《粤江流域人民史》[3]引用了含有“那”、“都”、“古”、“六”的壮语地名若干。其中含“那”字的有：

① 载中央研究院历史语言研究所《人类学集刊》第2卷第1、2期。

② 国立西南联合大学中国文学系“语言学名著选读”的读书报告，稿本。

③ 中华书局出版。

番禺的都那，新会的那伏，中山的那州，台山的那伏墟，清远的那落村，高要的那落墟，新兴的那康，阳春的那乌，恩平的那吉墟，开平的那波塱，阳江的那岳，电白的那花，化县的那楼，吴川的那罗，石城的那良，合浦的那浪，灵山的那炼，海康的那仙，徐闻的那加，琼山的那环，澄迈的那夹塘，临高的那盆岭，儋县的那赛，万县的那密，云浮的那康，钦县的那宽，柳江的那六，雒容的那马，罗城的那然，来宾的那研，河池的那龙，思恩的那伏，东兰的那雅，武鸣的那白，宾阳的那甘，百色的那崇，田东的那律，田阳的那岸，凌云的那弄，西林的那闷，昭平的那更，蒙山的那漊，藤县的那东，郁林的那博，陆川的那鼓潭，平南的那历，贵县的那蓬，武宣的那怀，邕宁的那登，绥渌的那思，隆安的那贫，横县的那郎，永淳的那旺，龙津的那晓，崇善的那敏，养利的那咘，左县的那榜，镇结的那庄，宁明的那堪，明江的那前，上思的那霞，天保的那吞，镇边的那罗。

含“都”字的有：

番禺的都那，顺德的都宁、都粘堡，新会的都会，台山的都偃水，高要的都万凹，新兴的都斛，高明的都权，恩平的都田铺，德庆的都旧，封川的都朗，开建的都续，信宜的都龙甲，万县的都封水，罗定的都门，云浮的都骑墟，郁南的都城墟，始兴的都安水，阳朔的都历塘，义宁的都劳，龙胜的都乃塘，柳江的都乐，雒容的都勒，罗城的都宿，蒙山的都敢，怀远的都天，融县的都早堡，象县的都乐塘，宜山的都隆墟，天河的都感隘，思恩的都黎塘，藤县的都榜江，容县的都结，怀集的都布，兴业的都北，平南的都榜，贵县的都陆，崇善的都同，左县的都隘，镇结的都结。

这个“都”有时也写作“多”字，所以贵州贵定县北有都卢坪，《唐书》称作多乐。[①] 在两广境内用“多”字作地名的有：

天保的多安墟、多浪墟，灵山的多罗山，文昌的多寻图，会同的多异岭，会乐的多坭村，万县的多辉乡，陵水的多昧弓。

含“古”字的有：

南海的古灶，番禺的古楼场，顺德的古楼，新会的古兜山，中山的古镇，三水的古塘，台山的古岭觜，清远的古赖，佛岗的古场坪，曲江的古阳，仁化的古夏村，归善的古灶乡，博罗的古坭塘，河源的古云约，和平的古镇山，海阳的古楼，揭阳的古沟村，惠来的古产，大埔的古源甲，高要的

---

① 徐松石《粤江流域人民史》原注。

古坝水，新兴的古伦村，阳春的古宠，广宁的古丽，开平的古博岭，鹤山的古劳墟，德庆的古蓬，封川的古令，开建的古逢，信宜的古丁墟，吴川的古流坡，合浦的古立，灵山的古先，罗定的古榄墟，云浮的古雾汎，郁南的古免甲，南雄的古禄铺，兴宁的古楼坪，钦县的古犁村，防城的古森峝，饶平的古楼山，桂林的古竹，阳朔的古定，永福的古桥，义宁的古落，全县的古留峒，龙胜的古漫，柳江的古练，雒容的古丁，罗城的古善峝，柳城的古丹，怀远的古兆，来宾的古炼，融县的古陇，象县的古陈，宜山的古索，天河的古满，河池的古勇，思恩的古赖，武鸣的古黎，宾阳的古辣墟，迁江的古律山，上林的古立，西隆的古遂，平乐的古文，贺县的古仑，荔浦的古奔，修仁的古沙，昭平的古赞，苍梧的古榄，藤县的古利，容县的古全，岑溪的古味，桂平的古楞，平南的古算，贵县的古蒙，武宣的古雷，邕宁的古桐，横县的古钵山，永淳的古辣墟，崇善的古亮，养利的古敏，镇结的古陇墟，上思的古柳。

含“六”字的有：

台山的六合，封川的六田，阳江的六平山，茂名的六双，信宜的六岸（徐松石原注，信宜的六豪乃是瑶袭壮名），化县的六磊坡，合浦的六朴，灵山的六兰，钦县的六富，防城的六马，柳江的六丁，雒容的六座，柳仁的六料，怀远的六合，来宾的六味，融县的六斗，象县的六外，宜山的六波，河池的六桑，思恩的下六（原注，下六乃瑶袭壮名），东兰的六长，那地的六烘，武鸣的六楚，来宾的六合，迁江的六车，上林的六便，百色的六那，田东的六连，西林的六洛，富川的六丈，荔浦的六折，修仁的六断，藤县的六陋，容县的六槐，岑溪的六凡隘，怀集的六雪岭，郁林的六旺，博白的六务，北流的六靖墟，陆川的六选，平南的六陈，贵县的六闭，武宣的六傍，邕宁的六学（原注，《府志》作渌学），横县的六乌，永淳的六律，镇结的六马，上思的六割，武鸣的六驮，宾阳的六困。

“六”字也写作“禄”，如：

南海的禄境，台山的禄马，高要的禄步墟，四会的禄村，高明的禄塘村，鹤山的禄峝，云浮的禄源村，柳城的保禄，罗城的禄桥，天河的福禄，凌云的禄平，苍培的思禄塘，武宣的禄宽。

或作“渌”，如：

封川的渌山，灵山的渌水村，钦县的渌服，东兰的渌袍，上林的渌浪，那马的渌布，百色的渌晚，田东的渌谢，田阳的渌丰墟，西林的渌丹塘，修仁的渌定，邕宁的渌蒙，绥渌的渌楼，永淳的渌悟。

或作“绿”：

德庆的绿滚，电白的绿岭，荔浦的绿居，藤县的绿眼，容县的绿荫，博白的绿莪，北流的绿地坡。

或作“菉”：

茂名的那菉汎，防城的大菉墟。

或作“陆”：

河池的陆荫。

其实“六”、“禄”、“渌”、“绿”、“菉”、“陆”等都是壮语 luːk ˩ 的对音，原意是“谷”或“山地”。[①]“那”字是壮语 na ˩ 的对音，原意是“田”或“水田”。[②]“都”字或“多”字或许是tu˧的对音，“古”字或许是ku˥的对音，都是壮语的一种地名冠词。

总之，拿以上所引两广境内含有“那”、“都”、“古”、“六”四个字的地名的分布状况和芮逸夫所述现代壮人的地理分布来

---

① 李方桂《龙州土语》luːk ˩ 谷，valley，ravine；又徐松石前引书原注：“这六字，渌字，禄字等乃是山地的意义。”

② 李方桂《龙州土语》na ˩ 田；水田，field；rice-field。徐松石原注：“那就是田，那怀就是牛田，那晓就是茅田。”李荣引申报馆《中国分省地图》载广西省田阳县又名那坡，因谓：“可见那就是田，是绝无问题的。”

比较，我们可以说，壮族以前在两广领域的居地比现在大得多。现在他们的居地虽然缩小了，可是因为地名的遗留，还显现着壮族的历史上的往迹。

靠近边疆的地名翻译成汉字时，因为当时的翻译人不晓得原来的语义，往往闹出叠床架屋的笑话。在云南省境内就有对比的两个例子。靠近缅甸北部的滇缅边界上有两条河，照中国的译名，一条叫恩迈开江，另一条叫迈立开江。如果推溯它们的语源，第一条河在山头语（Kachin，即景颇语）叫n̩ma˧k‘a˨˩，意思是“不好的江”，就是说不便航行；第二条河山头语叫mǎli ˥k‘a˨˩，意思是“多树林的江”。“开”是k‘a ˨˩ 的对音，原有江河的意义，译名把“开江”并列，直译起来便成了“恩迈江江”、“迈立江江”了！在云南西部新平县境花腰摆夷（也就是“傣族”）区内，有一条河叫做“南渡河”，南渡河是花腰摆夷语nam ˨˩ tu ˧ 的译名。“南”字是台语（包括傣语）nam的对音，原有“河”或“水”的意义，译名把“南”和“河”并用，直译起来就成了“河渡河”了！从这两个例子，我们不单可以推断当初山头族和摆夷族的分布不同，并且可以看出这两种语言的“词序”（word order）也不同。因为山头话把“开”（k‘a）放在修饰语的后面，摆夷话把“南”（nam）放在修饰语的前面，很显然地表现两种不同的词序。[1]

最后我想举两个在抗战时很著名的缅甸地名。当滇缅路畅通时，密支那［myit ˧ kyi ˧ na ˧］和仰光（Rangoon， or yan ˧ kung ˧）两个地名无论在军事上或商业上都曾经流行一时的，可是追究起它们的语源来却很少人晓得。密支那［myit ˧ kyi ˧ na ˧］缅语意为“大河边”，“密支”是“大河”的译音，“那”是“旁边”。从地理位置来看这个城恰好在伊洛瓦底江（Irrawaddy）上游的边上，它命名的来源是很清楚的。“支那”两个字和China的对音完全无涉。仰光［yan ˧ kung ˧］缅语是“没有敌人”的意思。在这个地名背后还蕴蓄着一段缅甸史实。在缅甸王Alaung Paya以前，这个地方原来叫做Da gon，译言“塔尖”，原为一孟族（Mon）地名。当缅王雍籍牙（Aungzeya）即Alaung Paya王朝时期，有孟人（Mon，也称Talaing）来侵，已经打到了缅京Shwe Bo（译言“金王”）。Alaung Paya带兵抵抗，把敌人驱逐回去。到Da gon敌人溃散，已无踪影，所以就把这个地方改名仰光，以纪

① 都根据我自己所调查的西南边语记录。向达说：“《蛮书》中亦有一例：卷二谓‘诺水出吐蕃……谓之诺矣江’。藏语黑曰诺，水曰矣，又么些语亦同，即黑水也。”

念“没有敌人”的光荣史实。当上次太平洋战役时仰光也曾一度为日寇所占据，结果终于把日寇驱逐得无影无踪。那么仰光命名的原意不啻给我们的抗战预示谶语了。

第六章　从姓氏和别号看民族来源和宗教信仰

中华民族原来是融合许多部族而成，尽管每个部族华化的程度已经很深，可是从姓氏上有时还可以窥察它的来源。这种例子在历史上和现代人里都容易找到。比方说，尉迟氏是唐朝的望族。相传于阗王室唐以前就属Vijaya一族。据斯台因（M.A.Stein）和柯诺（Sten Konow）诸人研究，西藏文献中的Vijaya就是Saka语的Viśa。尉迟氏就是Viśa的对音，于是于阗国人到中国来住的都以尉迟为氏。至于唐代流寓长安的尉迟氏诸人，大概出自三个来源：一支出于久已华化的后魏尉迟部一族（如敬德、窥基）；一支是隋唐之际因充质子而到中国来的（如跋质那与乙僧——见张彦远《历代名画记》）；还有一支是族系和来历都不明白的（如尉迟胜在《旧唐书》壹肆肆、《新唐书》壹壹零和《册府元龟》陆玖贰俱有传）。据柯诺在《于阗研究》中考证，尉迟胜就是西藏文献里的Vijaya

Sambhava，他的兄弟于阗王尉迟曜就是西藏文献里的Vijaya Bohan，也就是于阗语里的Viśa Vahanx。[①]

又龟兹白氏，冯承钧由龟兹王苏伐勃驶和诃黎布失毕二名所得Suvarna–puspa（金花）和Haripuspa（师子花）二者推测，怀疑就是puspa的译音。[②]此外像唐代的康姓出于康国（Samarkand），米姓出于《西域记》的弭秣贺（Maymurgh），曹姓出于曹国（《西域记》劫布呾那国，阿拉伯地理学者所说的kabudhan或kabudhangekath，地在撒马尔罕东北），安姓出于安国（Bukhara）。[③]这些例子都可以从姓氏上推测出它们的中央亚细亚来源。

还有慕容氏本来是鲜卑姓，他的后裔因为讳言所出，分化成了两支：一支是广东东莞容氏，一支是山东蓬莱慕氏。这两姓看起来毫不相干，其实是同出于一个祖先的。据向达说："曾晤甘肃老儒慕受祺，自云吐谷浑慕容氏之后。"那么，现在甘肃省也有慕氏的后裔。

姓氏和别号有时也可以反映出宗教信仰。中国回教徒的姓固然有和汉人相同的张、王、刘、杨、金、崔、李、周、曹

① 向达《唐代长安与西域文明》，页6～8。

② 前引书，页11引《女师大学术季刊》2卷2期《再说龟兹白姓》。

③ 前引书，页12～24。

等普通姓；同时也有他们特有的回、哈、海、虎、喇、赛、黑、纳、鲜、亚、衣、脱、妥、以、玉、买、剪、拜、改、沐、朵、仉、把、可、萨、喜、定、敏、者、撒、忽、洒、靠、羽、摆等纯回姓和马、麻、白、满、蓝、洪、丁、古、宛、穆等准回姓。纯回姓都以回教徒的谱系作基础，准回姓就有依据汉姓来的。[①]因此咱们有时根据这些姓氏就可以推断他们是不是回教徒。况且西北一带流行的民谣有："十个回子九个马，剩下一个准姓哈。"云南的民谣有："张汉人，李倮倮，回回总是姓马多。"这也可见一般人民已经有从姓氏推断宗教信仰或民族来源的习惯。现在咱们且举几个例，以示回族姓氏渊源的一斑：

萨姓是元萨都剌的后裔。萨都剌是sa'dullah的对音，乃阿拉伯文sa'd"吉祥"和allah"上帝"两字所合成，译言"天祥"。萨都剌字"天锡"，恰好和阿文姓的原义相应。丁姓是元丁鹤年的后裔。元戴良《九灵山房集》有《高士传》，为丁鹤年作，原文说："鹤年西域人也。曾祖阿老丁，祖苦思丁，父职马禄丁，又有从兄吉雅谟丁。"清俞樾《茶香室续钞》云："鹤年不言何姓，而自曾祖以下，其名末一字皆丁字，不知何义，世遂以鹤年为丁姓，非也。国朝钱大昕补《元

① 参阅小林元著《回回》，页331～337。

史·艺文志》有丁鹤年《海巢集》一卷，《哀思集》一卷，《续集》一卷，亦误以鹤年为丁姓也。”按“丁”是阿拉伯文 din 的对音，本义是“报应”。凡宗教皆持因果报应之说。故阿拉伯人称宗教din。阿老丁是 Alā-ud-Din 的对音，译云“宗教的尊荣”；苫思丁是 Shams-ud-Din 的对音，译云“宗教的太阳”（元咸阳王赛典赤也名赡思丁）；职马禄丁是Jamal-ud-Din 的对音，译云“宗教的完美”（至元四年撰进《万年历》的西域人札马鲁丁与此同名）；吉雅谟丁是 Diyam-ud-Din的对音，译云“宗教的典型”。鹤年业儒，汉化的程度很深，所以冠丁为姓。又马姓是由“马沙亦黑”缩减而成。马沙亦黑是阿拉伯文 Shaikh Marhmmad 的对音。Shaikh 译云“老人”，是阿拉伯人对于长者的尊称，英文写作 Sheik 或 Sheikh。阿拉伯人的尊称常常放在人名的前头，我国人感觉不便，所以将人名提前，而称作“马哈麻·沙亦黑”，更简称作“马沙亦黑”，于是马变成姓，沙亦黑变成名。西北和西南的回民大都姓马，就是这个原因。[①]此外如哈姓出于哈散，纳姓出于纳速剌丁[②]，赛姓出于赛典赤赡思丁……也都是有渊源

① 以上三例承马坚教授提示，特此声谢！

② 小林元，前引书，页332。

可考的。

从别号反映宗教信仰的，例如北周宇文护小字萨保。《周书》拾壹载他给他的母亲阎姬的信说：

> 违离膝下，三十五年，受形禀气，皆知母子，谁同萨保，如此不孝？

萨保就是萨宝，和祆教有关。南北朝时中国人或华化的塞外种族间，盛用和宗教有关的命名，其中和佛教有关系的名字比较多。像宇文护的哥哥宇文导小字菩萨，就是其中的一个例。[①]向达说：“兹按火祆教官名萨宝，隋已有之。《隋书·百官志》：‘雍州萨保为视从七品；诸州胡二百户以上萨保为视正九品’，萨保即萨宝，皆回鹘文sartpau之译音，义为队商首领。日本藤田丰八、羽田亨、桑原骘藏诸人已详细予以讨论，兹可不赘。”他又说：“《隋书·百官志》论齐官制云：‘鸿胪寺典客署又有京邑萨甫二人，诸州萨甫一人。’萨甫亦即sartpau。”[②]按藤田丰八《西域研究》（《史

① 何健民译《隋唐时代西域人华化考》，页60。

② 向达《唐代长安与西域文明》，页82、83。

学杂志》）谓萨宝或萨保是梵语sârthavâho的对音，原义是队商的领袖。桑原骘藏又据羽田亨引Radloff说[①]以回纥语把队商的首领（der karavanenführer）叫做sartpau，似乎和萨宝的关系格外密切。[②]由于以上的种种论据，我们从宇文护的小字便可以推断他和火祆教的渊源了。

又《元史》壹贰壹《速不台传》附《兀良合台传》："宪宗即位之明年，世祖以皇帝总兵讨西南夷、乌蛮、白蛮、鬼蛮诸国，以兀良合台总督军事。……甲寅秋……至昆泽，擒其国王段智祥及其渠帅马合剌昔以献。"按马合剌昔就是梵语Mahāraja的对音，译言"大王"，字也写作"摩诃罗差"。因为蒙古译语往往读j-作ši，所以译作"剌昔"。一本"剌昔"作"剌者"，那就更和raja的译音接近了。[③]佛教流行于大理很久，直到现在阿阇黎教的遗迹还散布在云南迤西一带。那么，元初段智祥的渠帅马合剌昔，从名字上看，无疑是信佛教的了。

自从基督教传播中国以后，许多人的名字也显露宗教的色

---

① 羽田亨《回鹘文法华经普通门品之断片》，载大正四年九月号《东洋学报》，页397。

② 何健民译《隋唐时代西域人华化考》，页122。

③ 关于这一点我得谢谢邵心恒（循正）的启示！

彩。例如，元朝的阔里吉思、马祖常、赵世延等，都可从他们本身或先世的名字来推断他们是信仰基督教的。《元史》壹叁肆《阔里吉思传》："阔里吉思，蒙古按赤歹氏。曾祖八思不花……祖忽押忽辛……父药失谋。……枢察副使孛罗……引见世祖。"据张星烺考证：阔里吉思就是Geogius的译音，咱们不单从他自己的名字知道他是基督教徒，并且从他的祖父忽押忽辛 Hoham Hoshaiah和他的父亲药失谋Joachim的对音更可得到确切的佐证。[1]又《元史》壹壹捌另有一个《阔里吉思传》："阔里吉思……成宗即位，封高唐王。西北不安，请于帝愿往平之。……二年冬敌兵果大至，三战三克，阔里吉思乘胜逐北，深入险地，后骑不继，马踬陷敌。遂为所执。敌诱使降。……竟不屈死焉。……子术安幼，诏以弟木忽难袭高唐王。"据陈垣说："据近人之考察，则阔里吉思即《马可孛罗游记》之佐治王（King George），其所据者为现存罗马之西纪1305年（元大德九年）1月8日主教蒙哥未诺在燕京所发之第一书。其所述之信教佐治王地位事迹及卒年遗孤等均与驸马高唐王之阔里吉思相合。……近人因阔里吉

① 参看张星烺《马哥孛罗游记导言》第三章增补附注，1924年排印本，《受书堂全书》第一种。

思为汪古部长（即雍古），《元史》本传载其兄弟姊妹之名又皆基督徒之名，遂断定为即《马可孛罗游记》及蒙哥未诺第一书之佐治王。然其兄弟姊妹而外，其父爱不花，季父君不花，亦皆热心之基督徒也。”[①] 1935年秋江上波夫在百灵庙一带发现刻有叙利亚文的景教徒墓石多种。其中有与高唐王阔里吉思相关者一石，文云：“神仆天主公教会信徒阔里吉思之墓，阿孟。”亦可为进一步之佐证。至于马祖常是基督徒，张星烺曾经举出三个证据：“①凡《元史》中雍古部人传每多基督教徒之名；祖常为雍古部人。②马祖常所作其曾祖月合乃《神道碑》叙述家世人名：汉式名二十五，蒙古名一，基督教徒名十有四。③月合乃祖名把造马野礼属，此名基督教聂思脱里派中尤多见之。”[②] 陈垣在张氏所举的以外又补充了五条证据，其中的第四条说：元也里可温，大概包涵罗马、希腊、聂思脱里各派。马祖常之先究属何派？据《马氏世谱》开宗明义第一句即云：“马氏之先，出西域聂思脱里（Nestorius）贵族，始来中国者和禄罙

---

① 陈垣《元西域人华化考》引*Histoire de mcn Jobeleka* Ⅲ，北京大学《国学季刊》第1卷，第4号，页597。

② 陈垣前引文引张星烺《马可孛罗游记》卷一，第五十九章附注，北京大学《国学季刊》第1卷，第4号，页592。

思（Haram Meshech）。”“则马祖常之先为也里可温中之聂思脱里派而又尝掌高等神职者也。”[①]现在综合张、陈两氏的说法，参照马祖常所作《故礼部尚书马公神道碑铭》[②]和黄溍所作《马氏世谱》[③]，除去把造马野礼属（《谱》作伯索麻也里束）和和禄罙思以外，咱们还可以举出，月忽难（《碑》作曰忽乃），习礼吉思（《碑》作锡礼古思），灭都失剌，保禄赐（《碑》作报大师），奥剌罕，约实谋，阙里奚斯，雅古，也里哈，岳难，易朔等，都是基督教徒的名字。又《元史》壹捌零《赵世延传》：“赵世延，字子敬，其先雍古族人。曾祖黖公（Tekoah）。……祖按竺迩（Anthony）。……父黑梓（Hosea）。世延历事九朝……五子，达者三人：野峻台，次月鲁（Julius），伯忽。”世延本人的姓名虽然完全华化，可是他的前三代和下一代都用基督教的名字，那么，无疑地可以断定他是基督教世家了。[④]再就眼前找几个熟人，像符保卢、马约翰之在体育界，洪煨莲、赵萝蕤之在学术界，马宝

① 陈垣前引文，北京大学《国学季刊》第1卷，第4号，页593、596。

② 北大图书馆藏弘治刻本马石田文集系四库底本，中多馆臣涂改处，习礼吉思正如碑文作锡礼古思。又阔里吉思馆改作克埒济苏。

③ 黄溍《金华文集》卷四十三，页1～5，《四部丛刊》本。

④ 参看陈垣前引文，北京大学《国学季刊》第1卷，第4号，页623。

莲、陈彼得之在昆明西南联大的外国语文学系，即使你没看见过他们本人，单从他们的命名，就可以推知他们是曾经受过洗礼的人物。

临末了儿，我还要简单介绍所谓“父子连名制”。父子连名制是藏缅族（Tibeto-Burman speaking tribes）的一种文化特征。靠着它可以帮助从体质和语言两方面来断定这个部族里有许多分支的亲属关系，并且可以决定历史上几个悬而未决的部属问题。概括地说起来，在这个部族里父亲名字末一个或末两个音节常和儿子名字的前一个或前两个音节相重（overlapped），它的方式大约有底下四种：

1. ABC — CDE — DEF — FGH
   恩亨糯　糯笨培　笨培呙　呙高劣
2. A□B — B□C — C□D — D□E
   龚亚陇　陇亚告　告亚守　守亚美
3. ABCD — CDEF — EFGH — GHIJ
   一尊老勺　老勺渎在　渎在阿宗　阿宗一衢
4. □A□B — □B□C — □C□D — □D□E
   阿宗阿良　阿良阿胡　阿胡阿烈　阿烈阿甲

在分支里虽然不免有小的参差，大体上很少超越上面所举的几个方式。

我对于这个问题前后写了三篇文章[①]，共计收了缅人支三例，西番支二例，倮倮支七例，民家支六例。所赅括的支派有缅人、茶山、么些、倮倮、阿卡、民家六个部族；分布的地域自云南的大理、姚安、云龙、维西、丽江、片马、噬戛、武定、孟遮、孟连，南达缅甸，北到贵州的水西，四川的冕宁和西康的大凉山。应用这个语言和文化的交流我曾经解决了几个历史上的民族问题：

有些历史学家和西洋人研究东方学或摆夷民族史的，像Hervey de Saint-Devis，Parker，Rocher，Cochrane等，认为南诏和摆夷的亲缘很近，应该属于泰系（Tai Family），并且说南诏就是摆夷所建的王国。据王又申翻译的达吗銮拉查奴帕原著的《暹罗古代史》上说：

> 据中国方面之记载，谓汰人之五个独立区域合成一国，时在唐朝，称之曰南诏。南诏王国都昂赛，即今日云南省大理府。南诏之汰人素称强悍，曾多次侵入唐地及西

① 《论藏缅族的父子连名制》，载在南开大学边疆人文研究室1944年3月出版的《边藏人文》第1卷第3、4期合刊；《再论藏缅族的父子连名制》，载在1944年9月出版的《边政公论》第3卷第9期，页18～21；《三论藏缅族的父子连名制》，载在1944年12月出版的《边疆人文》第2卷第1、2期。参阅附录一。

> 藏，但终于佛历一千四百二十年（西历877）间与唐朝和好。南诏之王曾与唐朝之公主缔婚。自此以后，王族之中遂杂汉族血统，汰人亦逐渐忘却其风俗习惯，而同化于中国。虽则如此，汰人尚能维持独立局面。直至元世祖忽必烈可汗在中国即皇帝位，始于佛历一千七百九十七年（西历1254）调大军征伐汰国，至入缅甸境内。自彼时起以至今日，汰人原有土地乃尽沦落而变成中国。

对于这个意见，咱们且不提出别项驳议，单就世系来推究，已经够证明它不对了。

据杨慎所辑的《南诏野史》引《白古记》，南诏先世的世系是：

骠苴低—低蒙苴—蒙苴笃……

从此以下传三十六世至

细奴罗—罗晟—晟罗皮—皮罗阁—阁罗凤—凤伽异—异牟寻—寻阁劝—

劝龙晟
劝利晟 —晟丰祐—世隆—隆舜—舜化真

纪南诏之书传世尚有蒋彬《南诏源流纪要》。彬，湘源人，明嘉靖初官云南大理，得《白古记》《南诏记》等士（土？）人著作，乃撰是书。此书系嘉靖刻本，天一阁旧藏，现存北大图书馆。

假如咱们承认父子连名制是藏缅族的文化特征，而且据亡友陶云逵说，他所看到的车里宣慰司的摆夷宗谱又绝对没有这种现象，那么，看了南诏蒙氏的世系以后，上面所引的意见当可不攻自破了。

至于南诏以外其他五诏的世系大部分也用父子连名制，如：

蒙嶲诏凡四世：

嶲辅首—佉阳照（弟）—照原—原罗

越嶲诏或么些诏凡二世：

波冲—于赠（兄子）

浪穹诏凡六世：

丰时—罗铎—铎罗望—望偏—偏罗矣—矣罗君

邆赕诏凡五世：

丰哶—哶罗皮—皮罗邓—邓罗颠—颠文托

施浪诏凡四世：

望木—望千（弟）—千傍—傍罗颠[1]

---

① 六诏的世系是参酌樊绰《蛮书》、《新唐书·南蛮传》和杨慎《南诏野史》所定的。

后来大理段氏汉化的程度较深，这种文化特征已不显著。可是段智祥的儿子叫祥兴，孙子叫兴智，无意中还流露出父子连名制的遗迹来。至于创立“大中国”的高氏也还保持着这种风俗。他的世系是：

高智升—高升泰—高泰明—高明清

高氏的子孙清初做姚安府土同知，仍然沿用父子连名制。光绪二十年所修《云南通志》卷壹叁伍，页一七，引《旧志》说：

> 顺治初，高奣映投诚，仍授世职。奣映死，子映厚袭；映厚死，子厚德袭，雍正三年以不法革职，安置江南。

按《云南备征志》拾玖《云龙记往》里的《摆夷传》，有一条记载说：

> 先是夷族无姓氏，阿苗生四子，始以父名为姓：长苗难，次苗丹，次苗委，次苗跖。苗丹子五人：曰丹戞，丹梯，丹鸟，丹邓，丹讲。五子中惟丹戞有子曰戞登。

这分明又是一条父子连名制的证据。不过原书所谓“摆夷”应该是“僰夷”或“白夷”的错误，也就是白子或民家。我在前面已经说过泰族并没有这种文化特征；而且从云南土族的分布来讲，云龙也只有白子而没有摆夷，所以我才敢有上一条的校勘。如果我所断定的不错，那么，拿这条材料和大理段氏、“大中国”高氏和姚安高氏的世系来比勘，我们对于民家的族属问题，除去语言的系别以外①，又可以找到文化上的佐证了。然而证据却还不止于这个呢。

1944年7月我们一行三十三人应马晋三（崇六）、阎旦夫（旭）、陈勋仲（复光）和王梅五（恕）几位的邀请，同到大理去采访县志材料。在回来的时候，我的一个伙伴儿吴乾就曾经在大理下关得到两种有关父子连名制的好证据。他所得到的材料，一个是《善士杨胜墓志并铭》，大明成化三年（1467）“龙关习密僧杨文信撰并书咒”，原碑在大理下关斜阳峰麓么些坪；另一个是《太和龙关赵氏族谱叙》，天顺六年（1462）二月吉旦“赐进士第南京国子监监丞仰轩山人许廷端顿首拜撰”。在前一种材料里，我们发现：

杨贤—杨贤庆—杨庆定

① 李方桂曾经假定：“The Minchia and some minor dialects may also belong to this（Tibeto-Burman）groups”，参看*Languages and Dialects*，*The Chinese Year Book*，Shanghai，1938—1939 issue，p.49。

祖孙三世都是父子连名，庆定以下则不然。吴乾就按云："庆定，明洪武间人。洪武十五年左右副将军蓝玉、沐英率师克大理，设官立卫守之[①]，庆定遂为都里长。是则元代段氏之世，杨氏仍沿风习，行父子连名制。至是汉人移居者多，当地土著渐濡汉化，杨氏之放弃其父子连名旧习，盖其一端也。"

在后一种材料里，我们又发现：

赵福祥—赵祥顺—赵顺海

祖孙三世也是父子连名，自赵赐（顺海子）以下，这种文化遗迹就不可复见了。吴乾就按云："赵氏自赵福祥而赵祥顺、赵顺海，祖孙三代亦父子连名，其始祖永牙至福祥数世当亦如此，惜其名讳失传，无可考按耳。降及赵顺海子赵赐，父子连名制始废。赐，元末明初人，以习密宗，洪武间曾随感通寺僧无极入觐。此与龙关杨氏自洪武间杨胜始不以父名连已名，正可参考。是则大理土著在元以前皆行父子连名制，迨明洪武

---

① 《明史》叁壹叁，列传二〇二，"云南土司·大理"条："洪武十五年，征南左将军蓝玉，右将军沐英，率师攻大理……大理悉定，因改大理路为大理府，置卫，设指挥使司。……十六年命六安侯王志，安庆侯仇成，凤翔侯张龙督兵往云南品甸，缮城池，立屯堡，置邮传，安辑人民。二十年诏景川侯曹震及四川都司，选精兵二万五千人，给军器农具，即云南品甸屯种，以俟征讨。"

十五年蓝玉、沐英等戡定大理后，汉人移殖者日众，当地土人始渐渍汉化，举其远古之惯习而废弃之，当无可疑也。”

拿以上两种事实和我在前面所举的大理段氏、“大中国”高氏和姚安高氏三个例来互相勘研，咱们可以提出三条新结论：

第一，从这种文化遗迹，我们可以推测大理乃至迤西各县的一部分土著从前曾经和藏缅族有过关系。

第二，善士杨胜墓志的所在地是大理下关斜阳峰麓的“么些坪”。拿这个地名和余庆远《维西见闻纪》所记么些姓氏制度和丽江《木氏宗谱》的三十四代父子连名来互相参究（参看附录一），我觉得这绝不是偶然的巧合，至少可以说，杨胜的先世和广义的藏缅族有过血缘关系。

第三，从前赖古伯里（Terrien de Lacouperie）、戴维斯（H.R.Davies）、丁文江、凌纯声等关于民家族属的推测，由这种文化特征来看，我认为都值得重新考虑了。截至现在，只有李方桂所说民家话属于藏缅群的假设还离事实不远。

第七章　从亲属称谓看婚姻制度

在初民社会里名称的用处极大。名称既然相同，往往认为实质也相同。从称一个女子做姊妹到认真当她做姊妹因而禁止婚配，所差不过一步之隔。所以倘若第十从表（tenth cousin）和第一从表（first cousin）的称呼相同，乱伦的畏惧自然会引申到她的身上去。[①] 为解释上的便利，我现在且举昆明近郊核桃箐村黑夷的亲属称谓做例。

在这种黑夷的亲属称谓中，我们发现：

哥哥、堂兄、姨表兄、大伯子、大舅子（？）同叫做 α˧ mu˧；

弟弟、堂弟、姨表弟、小叔子同叫做 ȵɔ˧ zu˧；

① Robert H. Lowie，*Primitive Society*，1920，吕叔湘译本《初民社会》页19，原文p.16。

黑夷亲属称谓表

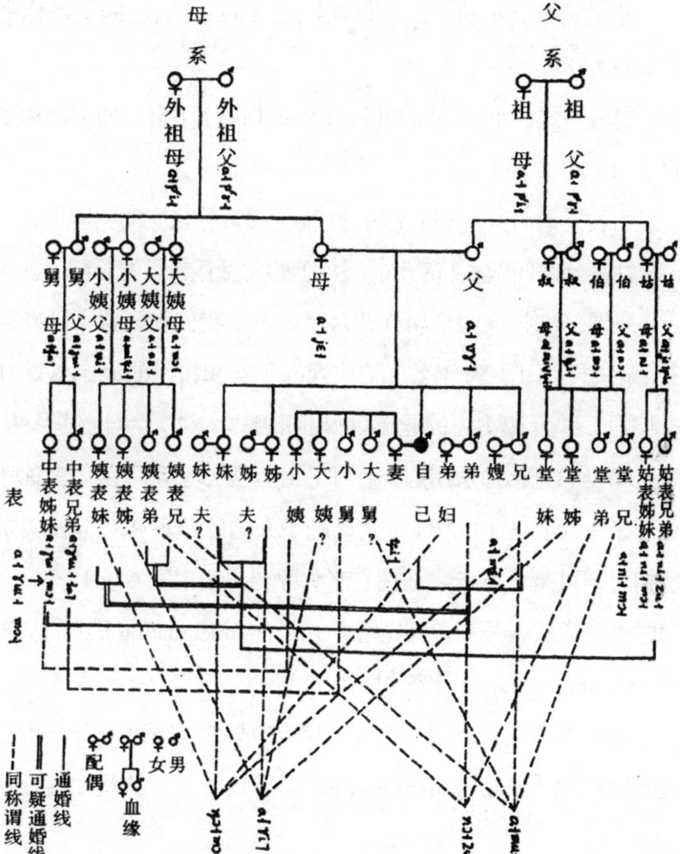
母系
父系
外祖母
外祖父
祖母
祖父
舅母
舅父
小姨父
小姨母
大姨父
大姨母
母
父
叔母
叔父
伯母
伯父
姑母
姑父
中表姊妹
中表兄弟
姨表妹
姨表姊
姨表弟
姨表兄
妹夫
妹
姊夫
姊
小姨
大姨
小舅
大舅
妻
自己
弟妇
弟
嫂
兄
堂妹
堂姊
堂弟
堂兄
姑表姊妹
姑表兄弟
表
♂男
♀女
配偶
血缘
—通婚线
═可疑通婚线
---同称谓线

姊姊、堂姐、姨表姐、大姑子、大姨子（?）同叫做 α ˧ vi˥；

妹妹、堂妹、姨表妹、小姑子同叫做 ȵɔ ˧ mɔ ˧；

舅表兄弟、小舅子同叫做 a ˧ ɤɯ ˧ ɬa ˥（自己的父母称妻的父同）；

舅表姊妹、小姨子同叫做 a ˧ ɤ ɯ ˧ mɔ ˧（自己的父母称妻的母同）；

姑表兄弟叫做 a ˧ ni ˧ zu ˧（妻的父母称自己的父同）；

姑表姊妹叫做 a ˧ ni ˧ mɔ ˧（妻的父母称自己的母同）。[①]

只要仔细把这些亲属称谓考虑一下，我们立刻就可以发现三个问题：（1）为什么叔伯或姨的子女和自己的兄弟姊妹称呼相同，并且和丈夫的兄弟姊妹相混呢？（2）为什么舅父的子女和妻的兄弟姊妹用同样称呼，并且男方亲家可以用来称呼女方亲家呢？（3）为什么姑母的子女的称谓不和其他兄弟姊妹相混，可是女方亲家却用它来称呼男方亲家呢？要解答这些问题先得从从表关系和优先婚配（preferential mating）中的从表婚（cousin marriage）来检讨一下。

照社会学上习用的术语，兄和弟或姊和妹的子女，也就是同性同胞（siblings of the same sex）的子女，算是“并行从

① 这里所用的材料采自高华年《昆明近郊的一种黑夷语研究》。

表”（parallel or identical cousins），在初民的语言里他们通常也被叫做同胞。反之，兄和妹或姊和弟的子女，也就是异性同胞（siblings of the unlike sex）的子女，算是“交错从表”（cross cousins）。初民语言里通常用表示戚谊较疏的名字来称呼。初民社会所赞许的从表婚，几乎完全限于交错从表，而并行从表则受乱伦的限制不得婚配。交错从表婚即姑舅表婚在理论上可以有两种方式：一种是男子可以娶舅父的女儿，也可以娶姑母的女儿；另一种是外甥可以娶娘舅的女儿，可是内侄不能娶姑母的女儿。两式之中后一种比较更为普通。[①] 黑夷的婚姻制度就属于这一种。因为这种缘故，所以并行从表的称呼相同而交错从表的称呼不同；又因为他们不采取“掉换法”的配偶，反对“骨肉还家”（就是内侄娶姑母的女儿），所以妻的弟妹和娘舅的子女称呼相同而和姑母的子女截然不混。男方亲家称女方亲家作中表而女方亲家称男方亲家作姑表也是一样的道理。

这种婚配的方式分布很广，澳洲西部和挨尔湖（Lake Eyre）附近，美拉尼西亚（Melanesia），菲济（Fiji）都可以发现。南部亚洲也许能证明是这个制度最高发达的中心地，至少托达（Toda）和维达（Vedda）人中这种风俗已有详细叙

---

① 吕译《初民社会》，页32，原文p.27。

述。印度和印度支那半岛各民族，如阿萨密（Assam）地方的藏人密吉尔族（Mikir）也有同样的制度。此外又见于苏门答腊（Sumatera）。西伯利亚的科里雅克（Koryak）人、堪察达尔（Kanchadal）和通古斯（Tungus）人也合于此式。美洲英属哥伦比亚（Columbia）的北海岸，加利福尼亚（California）的中部以及尼加拉瓜（Nicaragua）等处也有关于这种风俗的报告。南美乞布察（Chibcha）人的女子称呼丈夫和姑母的儿子用同一个字。南非、东非的好些地方，如霍屯督（Hottentot）人、赫勒（Herero）人、巴苏图（Basutos）人和马孔德（Makonde）人也以此为正规的婚配方式。[①]

在这种制度之下，一个人以娶母亲的兄弟的女儿为原则，那么娘舅就是他的丈人。所以在许多行此婚姻制度的民族里，娘舅和丈人往往用同一称呼。例如，在我所调查的三种滇缅边境族语里——还有林耀华所调查的凉山倮倮，便是这样：

	山头	茶山	浪速	凉山倮倮
舅父，岳父	kə ˧tsat ˦	juk ˧p‘ ɔ ˦	jauk ˦ p‘ ɔ ˦	ogni
舅母，岳母	kə ˧ni ˦	juk ˦mi ˦	juak ˦mi ˦	gni gni

① 吕译《初民社会》，页33，原文p.27。

此外，菲济人和维达人也是如此。中国旧式的传统称谓，女婿也称岳父为“舅”而自称为“馆甥”。可是不巧得很，在上边所引用的那种黑夷语里却并不和这种称谓法完全符合。他们称呼父亲、岳父和公公同作a ˧ vɤ ˧，母亲、岳母和婆婆同作a ˧ jɛ ˧；可是叫舅父作a ˧ ɤɯ ˧，舅母作a ˧ ɬa ˥，和岳父、岳母截然不混。

这种从表婚制也颇不一致。像上文所举昆明黑夷的例和汉人很接近，但和同属一个部族的凉山倮倮却不相同。据林耀华所调查，“这种倮倮的交错从表婚是交互的，可是他们禁止并行从表间任何形式的婚姻”。所以“姨的子女和叔伯的子女称谓相同。他们都被认为同胞或ma dzz gni mo，因此在他们相互间的婚姻是乱伦的”。他们的亲属称谓中，姑表兄弟 ɑ bər zin 和舅表兄弟 ogni zin，姑表姊妹 ɑ sɑ 和舅表姊妹 o gni ɑ mi 固然各有分别，可是同时又有 ozie ɑ sɑ 一个词可以作交错从表兄弟姊妹的总称。况且舅表兄弟、妻兄弟和双方男亲家的直接称谓都是 ozie，姑嫂和双方女亲家的直接称谓都是 ɑ mĩ ɑ sɑ，子媳、外甥女和内侄女的直接称谓都是 sɑ mo [①]：这都反映在凉

① Liu Yueh-Hwa，*Kinship system of the Lolo*，H.J.A.S.IX，2，June，1946，pp.94～99.

山倮倮的社会里，交错从表婚是采取掉换法，并没有“骨肉还家”的禁忌，和昆明黑夷的婚姻制度不同。

另外还有两种值得注意的婚姻制度。一种是墨西哥所属的马匝特哥（Mazateco）。在这种社会里，不论交错从表或并行从表都不准通婚。这种限制对于第二从表和第三从表一律适用。可是同姓的人，假如不是从表的就可以结婚。①他们的亲属称谓，堂兄弟和姑舅表兄弟nøʔé、堂姊妹和姑舅表姊妹ntičhɑ都没有交错从表和并行从表的区别，这种称谓是跟实际社会生活相应的。其次，在美拉尼西亚（Melanesia）的特罗不连得群岛（Trobriand Islands）的母系宗族里，有一个跟中国正相反的婚姻制度。这种民族受“族外婚律”（The law of clan exogamy）的限制，严格禁止和姨母的女儿结婚。他们认为同堂姊妹和姑表姊妹结婚是优先配偶；同舅表姊妹结婚虽然不严格禁止，却是很讨厌的。②

夫兄弟婚制（levirate）和妻姊妹婚制（sororate），也和姑舅表婚相同，有造出某种亲属称谓的趋势。Sapir 曾经指明它们

---

① Florence H. Cowan, *Linguistic and Ethnological Aspects of Mazateco Kinship*, Southwestem Journal of Anthropology Ⅲ, 3, 1947, p.252, 255, 256.

② B.Malinowski, *The Sexual life of Savages*, London, 1932,（3rd edition）, p.82.

的影响有两方面：一方面在两种婚制之下，伯父、叔父往往便变成继父，姨母也往往变成继母，用同一称谓来称呼是很自然的事情。倒过来说，兄弟的子女等于自己的继子继女；姊妹的子女也是如此。关于上述各点Sapir在华盛顿州南部的威希蓝（Wishram）族语中都曾经找到实例。这两种婚俗在语言中显示它的影响还是第二个方法更有趣味。因为伯父、叔父也许将来承受母亲而处于父的地位，往往便直称为父，不加分别字样；为了同一理由母之姊妹也直称为母。兄弟的子女也当做自己的子女一样称呼；姊妹的子女也当做自己的子女。还有男子既然常常娶妻之姊妹，那么把她们和妻用同一个字来称呼自然毫不足奇；女子对于丈夫和可能的丈夫（夫之兄弟）自然也可以只有一个称谓。加利福尼亚州西北部的雅希（Yahi）人便直用这种称谓法。这种雅希式的亲族称谓法，在世界上分布颇广；夫兄弟婚制和妻姊妹婚制也都是到处流行的制度。在我们看起来像是谜样的一宗异事——就是说：一个人会有十二个“父亲”和十二个“母亲”——它们都可供给一个满意的解释。[①]

我们在非洲的通加（Thonga）还遇到过外甥或继子承袭寡

---

① B.Malinowski，*The Sexual Life of Savages*，London，1932，（3rd ed.），p.45；原文pp.37～38。

妇，以及在密瓦克（Miwok）男子可以娶妻兄弟的子女一类的事例。后一种风俗颇有意味，因为它颇影响于密瓦克的亲属称谓。照吉福德（Gifford）所说，至少有十二个称谓显示这种制度的影响。例如wokli一字非但指妻的兄弟姊妹也用来指妻兄弟的子女。惟其因为有许多亲属称谓暗示这种婚制的存在，而没有一个称谓显露姑舅表婚的影响，所以吉福德才推论这个制度是密瓦克人的旧俗。[①]

可是专靠亲属称谓来推断婚姻制度也很危险。比方说，云南贡山的俅子（Trung）的亲属称谓有几点很特别。他们叫：

叔父、姑父、舅父、岳父做 a˩ke˩；

叔母、姑母、舅母、岳母做 a˩ȵi˨；

姐姐、大姨做 ik˧ta˨p ʻo˧ma˧；

妹妹、小姨做 ik˧ta˨p ʻo˧ma˧ta˩də˨。[②]

这在穿凿附会的民族学家岂不就可以当做“血族婚”（consanguine family）的遗迹吗？其实并不那样简单，我们不可不慎重。

① 吕译《初民社会》，页46，原文p.38。

② 见著者《贡山俅语初探》，北京大学文科研究所油印论文之三，1942年8月，昆明印行；又收入《罗常培文集》第四卷。

摩尔根（Lewis H.Morgan）认为人类的婚姻的进化有三个阶段：第一阶段是完全杂交（promiscuity），第二阶段是血族婚（consanguine family），第三阶段是群婚制（group marriage）。所谓“血族婚”就是兄弟姊妹互婚，但亲子之间已有限制。摩氏引以证明古昔兄弟姊妹互婚的事实是夏威夷人（Hawaiian）的亲属称谓法。他们的称谓法比通常在野蛮部族中所见的一式更简单。大多数初民部族很用心地分别母方亲属和父方亲属；夏威夷人不独不作此种分别，且以同一称呼包括同一辈的一切亲属，一概没有亲疏的分别。例如他们的makua一个称谓，既指双亲，亦包涵他们的兄弟姊妹，但加“男”、“女”等字样以示性别。摩尔根因而推论舅父、伯、叔和父亲同一称谓，正因为在从前舅父本来就是伯叔父，也就是父亲，他们可以同样地亲近那些“母亲”，也就是他们的姊妹。同样，一个人的侄男女、外甥男女都称为子女，正因为他的姊妹就是他的妻，也就是他兄弟的妻。余可依此类推。摩尔根说，婚制尽可变迁，而反映婚制的亲属称谓却富有保守性，可以供给社会制度以古生物似的记录。[①]

库诺（Herr Cunow）对于摩尔根的逻辑已经列举出有力

① 吕译《初民社会》，页68，原文pp.56～57。

的驳议。他说："摩尔根只看见夏威夷称谓制的泛涵血亲（blood kindred）而没有注意他们的姻亲（relatives）和血亲（affinities）的分别。他们对于姻兄弟和姻姊妹各有名称，乃至丈夫的父母对妻的父母间的关系（亲家）也有一特殊的名称。倘若夏威夷亲属称谓代表血族婚制，那么这些称谓又有什么意义呢？兄弟姊妹既然通婚，那么我的妻的兄弟就是我的兄弟，他的父母就是我的父母，至少也是我的父母的同胞了。"①

可是摩尔根的根本错误在于误认土语中译作"父"的一个字在土人的心中等于"生我者"。他觉得夏威夷人不会将舅父称做"父"，除非从前有一个时期舅父确与他的姊妹交合，因而是一个可能的"生我者"。但是这完全是证据的误解。其实，他们并不把舅父叫做父亲，乃是把舅父和父亲用同一的名称来称呼，而这个名词在我们语言里没有一个相等者。再说这种语言上的混同，一定以和同一女子媾合为基础，这是武断的假设，事实上会产生无意识的下文的。夏威夷称谓制的简单而正确的解释，是库诺的说法，它只是血缘亲属的辈分区别（the stratification of blood kindred by generation）。②

① 吕译《初民社会》，页70，原文 p.58。

② 前引书，页70，71，原文pp.58～59。

翻回来再谈俅子的亲属称谓问题。我们要知道他们虽然把叔父和岳父、姑父、舅父混同，把叔母和岳母、姑母、舅母混同，把姊妹和大小姨混同，可是下面几个亲属称谓却都独立不混的：

父 a˧˩ pǎi˨˩　丈夫ləŋ˦˥ la˧˩

母 a˧˩ mǎi˨˩　妻 p ʻo˥ ma˥

儿子 a˧˩ tɕ ʻial˥　哥哥 ik˥ ɻa˧˩ də˧ maŋ˧

侄子 a˧˩ la˨˩　弟弟 ik˥ ɻa˧˩ ɑ˧˩ d ə̆˧

外甥 a˧˩ saŋ˧˩　堂兄弟 a˧˩ uaŋ˨˩ a˧˩ tɕ ʻial˥

照库诺对于摩尔根的驳议来推断，我们还不应该单靠前一节的几个混同的称谓便认为俅子曾有血族婚制的证据。

总结本章所讨论，我们可以说，民族中的亲属称谓颇可作为研究初民社会里婚姻制度和家庭制度的佐证，不过，应用它的时候，得要仔细照顾到其他文化因素，以免陷于武断、谬误的推论。

第八章　总结

从第二章到第七章是本书的基本内容，这显然不能赅括语言与文化的所有问题，只是挑出一些常见的例子，贯串起来，略加说明罢了。下面所提出的几条结论也不过是总括那几章里的材料归纳出来的。

第一，语言是社会组织的产物，是跟着社会发展的进程而演变的，所以应该看做社会意识形态的一种。例如fee字的历史反映着畜牧社会把牲口当做财产；t‘ɬeɬ字从“火钻”转变成“火柴”，反映着阿他巴斯干族有过“钻燧取火”的生活。高黎贡山的俅子和北美印第安的怒特迦族都把结婚叫做“买女人”，尽管现在的社会风俗已经变迁，终究掩饰不了买卖婚姻的遗迹。《说文》里从贝的字都和钱币有关系，足征在“秦废贝行钱”以前，曾经有过“货贝而宝龟”的货币制度。由此可见，一时代的客观社会生活，决定了那时代的语言内容；也可以说，语言的内容在在足以反映出某一时代社会生活的各面影。社会的现象，由经济生活到全部社会意识，都沉淀在语言里面。马尔（Nicholai Yakovlevitch Marr，1864～1934）一派的耶费梯（Yafety）语言学特别重视语义的（semantic）研究，就因为语义的转变是跟着社会环境和经济条件起的，是动的而不是静止的。[①] 所以语义发展史实在跟社会生活演变史分不开。

第二，语言不是孤立的，而是和多方面联系的。任何社会现象都不能和别的现象绝缘而独立存在或发展。各现象间必得彼此关联，交互影响，才能朝着一定的途径向前推进。语言既然是社会组织的产物，当然也不能超越这个规律。所以语言学的研究万不能抱残守缺地局限在语言本身的资料以内，必须要扩大研究范围，让语言现象跟其他社会现象和意识联系起来，才能格外发挥语言的功能，阐扬语言学的原理。上面六章所根据的材料非但不限于传统的方言，而且不限于大汉族主义的“国语”。我所采取的例子尽量想赅括古今中外的各方面，尤其侧重国内少数民族和国外文化比较落后的民族的口

---

① 早川二郎译的《考古学概论》附录セベテ言语学，昭和十年（1936），页271～294。

语。从语言和某一民族或某些民族间的联系，往往叫咱们对于较早的人口分布和迁徙得到有价值的启示；并且从语言所反映出来的文化因素显然对于文化本身的透视有很大帮助。本书讨论借字一章材料比较多，篇幅也比较长。从公元1世纪到20世纪，汉语和其他语言间的彼此关联，交互影响，在这一章里可以找到不少的例子。马尔曾经说："没有交配过的（unhybridized）语言完全不存在。"[①]在汉语一方面，咱们从这一章已经得到了初步证明；要想做进一步的研究，还得扩大汉语借词和贷词的探讨，并且按年代排比起来，用历史唯物论的观点去推寻它们跟各方面文化的联系。这种研究是跟中西交通史分不开的。在其他各章里，咱们也发现了语言跟地理学、姓氏学、人类学都有实质的密切关系。咱们如果能够应用语言和各方面的联系去研究历史或社会现象，在分析具体事物的条件、时间和地点的时候，更可增加一些把握。

第三，语言的材料可以帮助考订文化因素的年代。语言，像文化一样，是由不同年代的各种因素组合成的。其中有些因素可以推溯到荒渺难稽的过去，另外一些因素不过是由

① セベテ言语学，页282。

昨天的发展或需要才产生的。假如咱们现在能够把文化变迁和语言变迁的关系安排好了，咱们对于文化因素的相对年代就可以估量出来。至于所估量的含混或明确，得要按照特别的情况来决定。照这个法子，语言为解明文化的次第给咱们一种“累积的基层”（stratified matrix），它对于文化历史的关系，粗略地说，就像地质学对于古生物学似的。[①] 耶费梯语言学也极重视语言学上的古生物学分析方法，它把语言发展的各阶段和社会经济构成的各阶段联系起来。[②] 这种新的研究方向已经不像印欧语言学那样专就静止的语言现象去比较它们的构成形式了。本书里并没讨论到怎样获得语言的透视，怎样指出语言因素的年代早晚和怎样构拟较早的读音等问题。不过，在我所举的例子里，像“师子”、“师比”、“璧流离”、“葡萄”、“苜蓿”反映着汉代或汉代以前的文化交流；“没药”和“胡卢巴”却直到10世纪、11世纪才见于中国的记载：这一类的文化层次是很显然的。同在一种语言里，像西藏语的借字“滑石”和“玉石”，前一个“石”字有 -k 尾，后一个没有；“铗子”和“鸭子”，铗字有 -p 尾，“鸭”字没

---

① Edward Sapir，*Time Perspective in Aboriginal American Culture*，pp.51～54.

② セベテ言语学，页286～291。

有：这也很清楚地表现它们从汉语借入藏语的年代前后不同。以上这些例子都可以说明语言材料对于考订文化年代的帮助。语言文字在社会发展史上的重要性列昂节夫也曾经说过："我们关于原始社会的知识之宝贵材料是语言：有许多文字是由远古传来的。"[①]不过，咱们得要注意，语言的变迁比文化的变迁慢得多，文字的变迁比语言更慢。有些文化因素早已变了，可是它的蜕形却仍旧在语言文字里保存着。咱们考订文化年代的时候，不单要把它们的层次顺序分别清楚，还得认识语言的年代一般地要比文化的年代晚一点儿。本书曾经引用了一些《说文》里的例字去推究社会形态，这些文字虽然都是汉代才结集起来的，可是它们并不都是汉代造的，所代表的意识也不全是汉代的社会形态。咱们固然不能根据《说文》里的"斩"字就断定汉代还通行车裂的惨刑[②]，同时也不能根据甲骨文的"臣"、"奚"等字就断定奴隶社会到殷代才开始。应用语言文字来考证历史，最要紧的还是联系当时社会的其他情况。例如，殷代的礼制有新旧两派，旧派笃守成

---

① 解放社本《社会发展简史》页7引《政治经济学讲话》第二章。

②《后汉书》宦官《吕强传》："上疏陈事曰：'……（曹）节等宦官祐薄，品卑人贱，谗谄媚中，佞邪徼宠，放毒人物，疾妒忠良，有赵高之祸，未被轘裂之诛……'"云云，只是文字上的夸饰，不能作车裂惨刑仍旧通行的证据。

规，以武丁为代表；新派提倡革新，以祖甲为代表。就贞卜制度来说："卜行止"，记每日王所经过的行程，只见于新派；而"卜告，卜辜，卜旬，卜求年，受年，卜日月食，卜梦"，生育，疾病，有子，死亡，求雨，求启各事，则只见于旧派，新派是很少见的。……这都可以看出他们两派对于人事和自然界的现象，观念并不相同。反之，因为旧派卜贞事项的繁夥，却给我们留下更多的史实。因为武丁好卜王后的生育、王子的疾病等等，使我们多知道些他们的妇子之名。可是我们即使知道了武丁是多妇多子的，却不能说这是武丁一人如此，或者说到了他才实行多妻制。这很明白，新派不见得不是同样的多妇多子，只不过是"不占而已矣"。知道了两派卜事的不同，对于旧派的卜事，我们就应认为这是殷代的一般现象，偶然遗留下来了，并不是一时一王的特殊现象。[①]这种观点是用语言文字考证历史的人们所应该掌握的。

第四，文化变迁有时也会影响语音或语形。本书第一章里说："本编的企图想从语词的涵义讨论语言和文化的关系。其

① 董作宾《殷虚文字甲编》自序，页10～11，《中国考古报告集》之二《小屯》第2本，1948。

中涉及语义学一方面较多，很少牵涉到语音学和语法学两方面。”可是事实上还不能完全摆脱干净。在讨论借字时，咱们曾经引用法语 camouflage 和 rouge 两个字借到英语后的语音改变，同样在汉语的纯译音借字一项也有类似的现象。另外像音兼义和音加义的借字、新谐声字和描写词等项，也都可以说明汉语在接触外来文化后还尽量使借字构造国语化。这一类的例子在别种语言里还多得很。比方说，北美印第安的米诺美尼族（Minomini）的语言没有浊塞音，也没有颤音或边音，所以他们把英语的 automobile“汽车”转读成［atamo：pen］。菲律宾的他加禄族（Tagalog）的语言没［f］音，所以他们把西班牙语的fiesta“庆祝”转读成［piˈjesta］。[1]英语的 tuchun“督军”，Shanghai“上海”，chin-chin“请请”之类是从汉语借过去的，可是 tuchunate“督军制”，tuchunism“督军主义”，to be shanghaied 和 chin-chins的文法结构却已经英语化了。还有法语的 rouge（红，红色）本来只有形容词和名词两种用法，可是借到英语以后，却新产生了“to rouge”（擦胭脂）和“She is rouging her face”（她正往脸上擦胭脂）[2]一

① L.Bloomfield，*Language*，p.446.

② 同上，p.453。

类的句子，其中的动词用法是原来所没有的。以上这些例子都是说明本地的语音和语法往往影响外来的借字。反过来说，一种语言接触外来文化后，能不能使本地的语义、语音、语法发生变化呢？这当然是可能的。关于语义一方面，本书里已经举了一些例子，在这儿咱们还可以补充几个更有趣味的。北美印第安那洼和（Navaho）语现在管“马”叫做ɬį́ʔ，可是从比较证据和分析那洼和语的某些复词，发现了这个词原来只有“狗”的意义。因为在没有接触欧洲文化以前，狗是那洼和人的唯一家畜，所以马从欧洲输入以后，本地人就不免指“马”为“狗”了。同样，那洼和语bé·š，从前只有“打火石”（flint）的意思，现在却变成“金属”（metal）：这也是接触欧洲文化的影响。由这两个词的新意义孳衍出来的新复合词ɬį́ʔɣéɬ（马鞍，-ʔɣéɬ“负担”）和bé·šéà·ʔ（铁吊桶，-éà·ʔ“篮子”），如果照ɬį́ʔ和bé·š的本义来讲就不成词，而且根本不能构成这种复合形式。还有现代那洼和语叫玉蜀黍做nà·dą̀·ʔ，从民族学上的证据，咱们知 罗族（Pueblo）得到的。语言的分析和比较研究也可以证实这个结论。nà·dą̀·ʔ这个字的语源，现在说那洼和语的人们并不知道，它是从nà·-“仇人”和-dą̀·ʔ“食物”复合成的。历史已经说明了，nà·dą̀·ʔ直译的意思就是“仇人的食物”。[①]

文化变迁对于本地语音的影响固然不像语义那样多，可是咱们还可以找到一些例子来说明。在北美印第安阿佩其族（Apache）的起立迦华土语（Chiri cahua）里，l或ž两个音只发现在中间和末尾的位置。于是当起立迦华人从西班牙借入lôco“疯狂”和rico“有钱”两个字的时候，却转读成lô˙gò和ži˙gò，于是l或ž都得到用在字头儿的新位置了。除去这两个字以外，从它们孳生出来的复合词也都有同样的语音变化。不单如此，因为l或ž出现在字头，对于起立迦华语的语音平衡（phonetic equilibrium）也微微地起了扰乱。有些音在本地语词里从来不会出现在l或ž后边的，自从和这种文化接触后，新的语音结构也变成可能的了。[②]广西龙州土语里有很多的词是一个台语本系字加一个汉语借字：如“日子”van˩ tɕi˦˩，“日”是台语，“子”是汉语，“竹竿”tɕu˩ ɬa:u˦˩，“竹”是官话，“竿”是台语；又如mi˥ɕai˦˩“不用”，mi˥是台语，ɕai˦˩（使）是粤语等。[①]这也可以算做文

①Harry Hoijer, *Linguistic and Cultural Change*, Language, XXIV, 1948, No.4, p.341, 343.

②Harry Hoijer, *Linguistic and Cultural Change*, Language, XXIV, 1948, No.4, p.341, 343.

化和语音交互影响的一个例。

当一种语法附加成分（affix）在外来语词里出现很多的时候，它可以扩充新结构到本地材料上去。例如，英语agreeable“快意的”，excusable“可饶恕的”，variable“易变的”一类字的词干和词尾-able是从拉丁—法语（Latin-French）来的，可是在由它扩充而成的bearable“可忍的”，eatable“可吃的”，drinkable“可喝的”几个字里的基本动词却是本地的。另外还有一些法语词尾和地道英语基本动词结合的例，就是breakage“破损”，hindrance“障碍物”，murderous“谋杀的”，bakery“面包房”等等。又如，拿-er当做“主动者”（agent）词尾，是在日耳曼语普遍出现的。在西班牙语里也有类似的例子，像banco“银行”，banquero“银行家”。后来这个词尾又扩充到他加禄语里去，例如[ˈsi：paʔ]“足球”，[siˈpe：ro]“足球员”。后一个词是和本地来源的[ma：niˈni：paʔ]“足球员”并存的。[②] 这些例子都可以作文化变迁影响语形的说明。

---

① 李方桂《龙州土语》，页36，1940。

② L.Bloomfield，*Language*，p.545，455.

* * * *

作完总结以后，我深感觉这本书的缺点很多。最显著的是文字和内容还不能使一般大众完全了解；其次是书里所举的中国例子数量还不够多。至于观点和方法也还有些可以商量的地方。不过著者却自信这本小书对于中国语言学的新路已经把路基初步地铺起来了。假如咱们要求进一步的发展，那么我现在郑重地建议：凡是对于建设中国新语言学有志趣的人们应该集体地注意下面三件事：

第一，对于语义的研究，咱们不应该再墨守传统的训诂学方法；应该知道词义不能离开上下文而孤立，辞书或字典里的解释是不可靠的；应该用古生物学的方法分析各时代词义演变的“累积基层”；应该用历史唯物论的方法推究词义死亡、转变、新生的社会背景和经济条件。取材的范围不可再存“雅”、“俗”的偏见，自经籍子史、辞书、专集、语录、笔记、小说、戏曲、传奇，以至于民间谣谚、大众文艺都应该广泛地搜集。研究的方法，一方面要由上而下地从经籍递推到大众口语；另一方面还得根据大众的词汇逆溯到它们的最初来源。照这样就可以把古今雅俗的材料一切都联系起来了。这种工作一个人做固然非常繁重，要是有计划、有步骤地集体进行，我敢保证它可以胜利完成的。①

第二，对于现代方言的研究已往二十多年来太偏重语音一方面了。现在要想建立拼音文字的新方案固然还得先要把各地方音系统弄清楚，可是咱们要和第一个建议配合，特别得着重词汇的搜集和研究。这种工作的进行，首先，要注意每个常用词汇在各地人民嘴里的活方言有什么异同。比方说："饮"、"食"两个词在北京话里已经死亡了，可是在广东话里还活着；古汉语"寻"、"怎"、"甚"的-m尾和"眨"的-p尾，现代北京人没有承认它们存在的；可是口语里的［ɕyɛ ˥mə·˧］，"怎么"、"甚么"和"眨巴"还照样流行着；关于"房"和"屋"的大小，为什么南方和北方不同？关于嗅觉的语词为什么有的地方叫"听"，有的地方叫"闻"？同是一种黑颜色，在各地方言里却有"黑"、"乌"、"玄"的叫法；同是一个"青"字，在各地方言里却有的代表蓝色，有的代表黑色。诸如此类，不胜逐一列举。咱们要想中国语言的统一，必须先从分析这些矛盾开始。其次，咱们得深入各

---

① 编者按：本书完成于1950年1月，所以书中几次提到马尔的"耶费梯语言学"和"古生物学分析方法"。同年7月，《人民日报》先后发表斯大林在1950年6月20日和6月29日在苏联《真理报》上发表的《论马克思主义在语言学中的问题》等文章，语言学界对马尔学说有了新的认识。为存原书之真，我们没有对本书作任何改动，从中也可看到著者对新事物新理论的重视与不断追求的精神。当然，后来著者也就不谈马尔了。

行业、各阶层的里面分头调查他们的惯用语，并编成分类词汇。凡是曾经学过外国语文的人们大概总该知道他们各行业或各阶层间都各自有一套丰富的词汇。比方说，农民有农民的惯用语，工人有工人的惯用语，打猎的有打猎的词头儿，开矿的有开矿的术语，汽车司机的行话和海上水手不同，青年学生的打诨竟使一班老头子瞠目。可是这些全是活鲜鲜的词汇，并不是备而不用的死语。中国的各行业和各阶层里何尝没有这一类的词汇呢？只有任它们自生自灭，语言学家不加搜集，文学家不能应用。一方面委弃宝藏，一方面感觉贫乏，这够多么不经济！毛泽东说：我们的文艺工作者以前对于自己所描写的对象，“语言不懂。你们是知识分子的言语，他们是人民大众的言语。我曾经说过，许多同志爱说‘大众化’，但是什么叫大众化呢？就是我们的文艺工作者自己的思想情绪应与工农兵大众的思想情绪打成一片。而要想打成一片，应从学习群众的言语开始，如果连群众的言语都不懂，还讲什么文艺创造呢？”[①]我觉得关于这一点，语言学家的任务比文艺工作者格外重要。如果大家联合起来，照我所提议的办法做一番工

---

①《在延安文艺座谈会上的讲话》，见《毛泽东选集》第三卷。

夫，那么语言学家研究的结果，可以供文艺工作者的取材；文艺工作者扩充词汇的范围，也可以鼓励语言学家更作进一步的探索。这样相因相成，彼此就都因为联系而得到发展了。

关于语法的研究，以前的成绩也是不够好的。《马氏文通》的方法固然受到"拉丁文法汉证"的讥评，可是一般研究国语文法的，除去一两部较好的著作，也还不免"拉丁文法今证"的缺陷。至于各地方言的语法研究，那简直还没起头儿呢！咱们现在应该严格使用描写语言学的方法来分析现代中国语的结构，必须一空依傍，完全拿人民大众的口语作根据，然后才能得到活语言的正确语法。等到现代语法有了头绪，才能本着历史观点，用同样的描写方法，去分析以前各时代的古文法。这两种工作是不能混起来同时并进的。

第三，咱们应该认识研究国内少数民族语言的重要性。对于国内少数民族语言的研究，中国学者们一向不大注意，西洋学者们也不像研究印欧语那样热心。专就汉藏系语言（Sino-Tibetan family）来说，第一部关于汉藏语比较研究的论著（B.J.Leyden，*On the Languages and Literature of Indo－Chinese Nations*，*Asia Researches*，X，1808）在19世纪初年就发表了，和它同时发表的印欧语论著（A.Friedrich Schlegel，*Über die Sprache und Weisheit der Indien*，1808）来对照，在两系语言的初期比较研究中都占重要的位置。为什么在19世纪中，印欧语言学有长足的进步，而汉藏语言学相形落后呢？主要的原因有下面几项：①从前真正对于这一系语言作研究的是西洋人，中国学者不单对于这种学问一向不感兴趣，而且也没有准备。欧洲学者专去研究汉藏语的究竟不能跟他们研究印欧语的人数比。②欧洲人研究汉藏语的也没有充分准备。一大部分的工作还是传教士做的。他们的贡献不能算不大，但是一个传教士往往在一个地方住一二十年，结果只能给我们一点可宝贵的材料，如字典等。若让他们做科学的语言工作，那就未免太苛求了。③研究汉藏语的西洋学者往往有别的主要兴趣，语言反是次等兴趣。例如劳佛（B.Laufer）的主要兴趣在文化传播上，伯希和（P.Pelliot）的主要兴趣在历史上。④还有一个缺点就是专门做语言工作的人志愿太广泛，他们不肯精密地研究一种语言，却同时兼顾好些语言作浅尝的摸索。⑤最后一个原因是许多汉藏系语言没有文字的记载，要想得到这些材料必须实际调查。而这种实际调查必须是受过严格语音学训练的人才能办得到的。有以上这些原因，难怪汉藏系的语言研究不能进步了。对于国内其他少数民族的语言研究跟汉藏语也有类似的情况。

自从抗日战争发生以后，有几个大学和学术机关搬到西南后方的川滇黔几省。一向从事语言研究工作的人们亲自接触了许多不同语言的少数民族，不由得鼓励起浓厚的调查研究的兴趣，他们拿科学的语言学方法做工具，在极艰苦的物质条件下也曾得到一些初步的成绩（参看附录四《语言学在云南》），比起西洋传教士所做的已经迈进了一步。现在各大学和各学术机关已经恢复它们的原有岗位了，各项研究工作也在中华人民共和国共同纲领的文化教育政策下逐渐地恢复发展起来了。那么，咱们对于国内少数民族语言的研究有没有继续的必要呢？我觉得咱们不单要赶快恢复，而且要求相当的发展。简单说起来，有以下两个理由：

1. 从学术上看，少数民族语言里存在着许多过去文化的“累积的基层”（例见上文），便于咱们应用古生物学的分析方法去认识社会发展的程序。尤其是那些没有文字记载的口语，保存了更多大众语言的意识和形式。马尔既然能应用高加索少数民族语言建立了唯物论的耶费梯语言学，咱们为什么不能根据国内少数民族的语言建立中国的新语言学呢？专就古汉语的比较研究来说，国内少数民族的语言也有很大帮助。比方说，北京话的“风”字和四川一种倮倮方言的 brum（风）乍看起来，毫不相干。可是咱们得知道“风”从“凡”得声，古音应有闭口的 -m 尾，又，古无轻唇音，它的声母应该是p-，所以“风”字较古的读音应拟作 * pǐum。再说从“风”得声的“岚”，现在的广州话还读作lam。这个例子一方面可以证明“风”字是闭口韵，一方面又可以看出它的声母有从复辅音 * pl-变来的可能。这样一来，就可以把“风”字的上古音拟作 * plum，那么它和brum岂不发生密切联系了么？如果再拿孙穆《鸡林类事》“风曰孛缆”记载作旁证，这个比较大概不会太牵强。又如北京话的“孔”字和泰语的klong“圆筒”，ploang“空，有洞”，表面上也各不相涉，但是如果你知道《宋景文笔记》有“孔曰窟笼”一条俗语，你就不嫌把它们联系得太唐突了。此外像“平”字泰语作plieng，“兼”字泰语作klem，“变”字泰语作plien，也都是比较研究的好例子。说到实用一方面，如果咱们想把没有文字的族语系统地记录下来，势必得有一套划一的拼音文字。现有的拉丁化新文字是否够用，应该怎样补充，也非得先把各种族语作一番科学的调查，然后才能解决。由此可见，现在对于国内少数民族语言的研究无论如何是不该踌躇不前的。

2. 撇开学术来谈政治，少数民族语言研究也是同样重要的。咱们要想团结国内少数民族，首先就得学习他们的语言。斯大林说：“少数民族并不是不满意于缺乏民族联盟，而是不满意于缺乏本族语言使用权。当他们一旦拥有本族语言使用权时，这种不满就会自然消失下去了。”[①]毛泽东也说：“中国共产党人应当积极地帮助各少数民族的广大人民群众，包括一切联系民众的领袖在内，争取他们在政治上、经济上、文化上的解放与发展，并成立拥护民众利益的少数民族自己的军队。他们的言语、文字、风俗、习惯及宗教信仰，应被尊重。”[②]这种政策并且明白规定在中华人民共和国的《共同纲领》里头（第五十三条）。咱们要想实现这种政策首先就得训练一批通晓少数民族语言的人才，然后才能帮助他们提高文化和政治的水平。因为只有把比较落后的民族和部族吸入更高文化的总轨道，才能解决少数民族问题，而沟通语言就是把落后民族“吸入更高文化的总轨道”的重要武器。再以反帝、反侵略的观点来说，咱们尤其应该认识研究少数民族语言的重要。我国从前对于少数民族问题一向是忽略的，可是有侵略野心的帝国主义国家却早就着眼到这一点了。单就语言来说，像西藏、缅甸、摆夷等语言的字典和文法，在几十年前外国人早就编得好好的了，甚至于连没有文字的山头语和傈僳语，外国传教士也各自替它们制订了一套罗马字。有了语言

① 《马克思主义与民族问题》，莫斯科外国文书籍出版局本，页80。

② 《论联合政府》，解放社本，页90。

的工具以后，帝国主义者就可以传教、通商，就可以阴谋同化，就可以让咱们的边疆民族供他们驱使。第二次世界大战欧洲战场的英国军队里就有咱们勇猛善战的山头人在内。1943年春天，我在大理认识两位片马的茶山朋友。他们曾经在缅甸的密支那和瓦城受过八九年英国式的中小学校教育，精通缅语，略懂英文，而对于汉语却只能说几句似通非通的泸水方言。他们知道恺撒、查理曼、拿破仑、利温斯顿、维多利亚、乔治、丘吉尔，而不知道秦始皇、汉武帝、唐太宗、赵匡胤、朱元璋、孙中山、毛泽东。有一次，他们听我讲了一段春秋时代的故事，很诧异地问我道："中华民国只有三十二年，你为什么说到几千年以前呢？"但是我带他们到昆明以后，我渐渐懂得他们的族语，他们也能讲五六成汉语了，他们渐渐对于中国认识清楚，也懂得当时全面抗战的意义和使命了。这样和我在一起住了两个半月，不单我获得了丰富的语言材料，他们回到家乡去也做了很好的军事向导。还有，在抗日战争开始以后，日本人就想抄袭希特勒的办法，利用语言政策来分化我国滇黔桂三省里的摆夷、壮人、吕人、水家、羊黄、仲家等说台语的少数民族。后来有人到云南省路南县的石林去旅行，曾经听见一个本地人说，他是一千多年前从泰国搬过来的。这种毒素的传播比敌人撒布霍乱疫苗还可怕万分！咱们要想防止帝国主义的侵略野心，帮助少数民族加入更高文化的总轨道，先应从学习他们的语言着手。

最后，我希望全国的语言工作者结合起来，批判地接受我的三个建议，有步骤、有计划地为建设中国新语言学而共同努力！

附录一　论藏缅族的父子连名制[①]

在解释什么叫做“父子连名制”以前，让我先讲一个故事：

在文康所作的《儿女英雄传》第三十三回里，安家的那位舅太太讥讽安老爷好引经据典地转文，曾经说了一个下象棋请人支着儿的故事，原文说：

> 有这么一个人下得一盘稀臭的象棋，见棋就下，每下必输；没奈何请了一位下高棋的跟着他在旁边支着儿。那下高棋的先嘱咐他说，支着儿容易，只不好当着人说出

① 这篇文章初稿原在南开大学《边疆人文》第1卷第3、4期合刊发表（1944年3月），作者在题目下标有“敬以此文哀悼陶云逵先生”字样。后来续作《再论藏缅族的父子连名制》，在《边政公论》第3卷第9期发表（1944年9月），《三论藏缅族的父子连名制》，在《边疆人文》第2卷第1、2期合刊发表（1944年12月）。这段附录是综合以上三篇文章重订汇成的。

来，直等你下到要紧的地方儿，我只说一句哑谜儿，你依了我的话走，再不得输了。这下臭棋的大乐，两个人一同到棋局，和人下了一盘。他这边才支上左边的士，那家儿就安了当头炮；他又把左边的象垫上，那家又在他右士角里安了个车。下来下去，人家的马也过了河了，再一步就要打他的挂角将。他看了看士是支不起来，老将儿是躲不出去，一时没了主意，只望着那支着儿的。但听支着儿的说道："一杆长枪"；一连说了几遍，他没懂，又输了。回来就埋怨那个支着儿的。那人说："我支了那样一个高着儿，你不听我的话，怎的倒怨我？"他说："你何曾支着儿来着？"那人说："难道方才我没叫你走那步马么？"他说："何曾有这话？"那人急了，说道：

"你岂不闻一杆长枪通天彻地，
地下无人事不成，
城里大姐去烧香，
乡里娘，
娘长爷短，
短长捷径，
敬德打朝，
朝天镫，

镫里藏身，

身清白，

白面潘安，

安安送米，

米面油盐，

阎王要请吕洞宾，

宾鸿捎书雁南飞，

飞虎刘庆，

庆八十，

十个麻子九个俏，

俏冤家，

家家观世音，

因风吹火，

火烧战船，

船头借箭，

箭箭射狼牙，

牙床上睡着个小妖精，

精灵古怪，

怪头怪脑，

恼恨仇人太不良，

梁山泊上众弟兄，

兄宽弟忍，

忍心害理，

理应如此，

此房出租，

出租的那所房子后院种着棵枇杷树，

枇杷树的叶子像个驴耳朵。

是个驴子就能下马。

你要早听了我的话，把左手闲着的那个马别着象眼，垫上那个挂角将，到底对那个一步棋，怎的就输呢！你明白了没有？”

那个臭棋的低头想了半天，说：“明白可明白了；我宁可输了都使得，实在不能跟着你二鞑子吃螺蛳，绕这么大弯儿！”

这段故事里包含一个所谓“顶针续麻”的文字游戏，就是上一句的末一字或末两三字和下一句的前一字或前两三字同字或同音。例如：“一杆长枪通天彻地”的末一字和“地下无人事不成”的头一字是一样的，而这第二句的末一字“成”和第三句“城里大姐去烧香”的头一字是同音的。又如“此房出租”

的末两字和“出租的那所房子后院种着棵枇杷树”的头两字相同，而这句的末三字又和下句“枇杷树的叶子像个驴耳朵”的前三字相同。这种游戏在民间文艺里普遍地流行着。诗词曲里有一种“顶真体”，又叫做“连珠格”，性质也和这种文字游戏一样。例如，《中原音韵》载无名氏《小桃红》云：

断肠人寄断肠词，词写心间事，事到头来不由自，自寻思，思量往日真诚志，志诚是有，有情谁似，似俺那人儿。

乔梦符也有效连珠格《小桃红》，见《乐府群玉》。又郑德辉《㑳梅香》首折的《赚煞》，马致远《汉宫秋》第三折《梅花酒》和《收江南》，还有《白雪遗音》中“桃花冷落”一首也用此格。现在再举“桃花冷落”为例：

桃花冷落被风飘，飘落残花过小桥，桥下金鱼双戏水，水边小鸟理新毛，毛衣未湿黄梅雨，雨滴红梨分外娇，娇姿常伴垂杨柳，柳外双飞紫燕高，高阁佳人吹玉笛，笛边牵线挂丝绦，绦结玲珑香佛手，手中有扇望河潮，潮平两岸风帆稳，稳坐舟中且慢摇，摇入西河天将晚，晚窗寂寞叹无聊，聊推纱窗观冷落，落雪渺渺被水敲，敲门借问天台路，路过西河有断桥，桥边种碧桃。

更往远里说，像《毛诗既醉》自二章至末章，《宋书·乐志》卷三所载，“平陵东，松柏桐，不知何人折义公”歌，曹子建《赠白马王彪诗》，李白《白云歌送刘十六归山》……或重每章末句，或重每句的末几字，也都算是“顶真体”。我为什么在这篇文章的抬头儿先啰啰嗦嗦举这一大堆例子呢？因为这里所要讲的“父子连名制”正好借顶针续麻的例子来说明它。

父子连名制是藏缅族（Tibeto-Burman family）的一种文化特征（cultural trait），靠着它可以帮助从体质和语言两方面来断定这个部族里许多分支的亲属关系，并且可以解决历史上几个悬而未决的族属问题。综括说起来，在这个部族里，父亲名字末一个或末两个音节常和儿子名字的前一个或前两个音节相同。它的方式大约有底下几种：

1. ABC — CDE — DEF — FGH

恩亨糯　糯笨培　笨培呙　呙高劣

2. A□B — B□C — C□D — D□E

龚亚陇　陇亚告　告亚守　守亚美

3. ABCD — CDEF — EFGH — GHIJ

一尊老勺　老勺渎在　渎在阿宗　阿宗一衢

4. □A□B — □B□C — □C□D — □D□E

阿宗阿良　阿良阿胡　阿胡阿烈　阿烈阿甲

在各分支里虽然不免有小的参差，大体上很少超越上面所举的几个方式以外。

我研究这个问题的兴趣起初是由纸上材料引起的。1943年春天我到云南西部的鸡足山上去游览，在一个叫做悉檀寺的庙里发现一部丽江木土司的《木氏宦谱图像世系考》，当时颇发生浓厚的好奇心。回来整理游记，曾参考陶云逵、董作宾、凌纯声各家的说法写成一篇《记鸡足山悉檀寺的〈木氏宦谱〉》，发表在《当代评论》第3卷第25期上。后来由自己调查和朋友供给，陆续得到些个现实的活材料。现在综合这两方面的材料写成这篇论文，希望对这问题发生兴趣的人类学家、民族学家和语言学家格外予以补充或修订，好让这个问题更可以得到圆满的解决。

我对这个问题想分三纲六项十三目来叙述它：

缅人支

1. 缅人（Burman）　对于这一部族，我自己并没得到什么直接材料，只在缅甸的历史里发现有父子连名的事实。当西元2世纪到4世纪的时候，缅甸孔雀王朝的世系也是父子连名的。例如：

Pyo—so—ti　　Ti—min—yi

Yi—min—baik　　Baik—then—li

Then—li—jong　　Jong—du—yit[①]

另外还希望精通缅甸掌故的加以补充。

2. 茶山（Achit）　茶山是住在滇缅北界一带的一个部族。1944年春天我曾亲自得到这一支的两个谱系：一个叫孔科郎的数了四十六代；另一个叫董昌绍的数了九代。现在分列于下：

甲、孔氏世系：

① Ya ˧ be ˩ bawm ˧　　② Ma ˧ shaw ˥ bawm ˧[②]

③ Bawm ˧ shaw ˥ chung ˧　　④ Chung ˧ shi ˧ nin ˧

⑤ Shi ˧ nin ˧ k ‘ying ˧　　⑥ K ‘ying ˧ da ˥ ə ˧

⑦ Da ˥ ə ˧ sawʔ ˥　　⑧ Sawʔ ˥ yaw ˧ chu ˥

⑨ Chu ˥ fu ˧ fek ˥　　⑩ Fu ˧ fek ˥ k ‘um ˥

⑪ K ‘um ˥ fu ˧ zik ˩　　⑫ Zik ˩ k ‘u ˧ lam ˩

⑬ K ‘u ˧ lam ˩ pe ˧　　⑭ Shaw ˥ gyaw ˥ xang ˧

---

① Phayer，*History of Burma*，p.279，据凌纯声《唐代白蛮乌蛮考》所引，见历史语言研究所《人类学集刊》第1卷第1期。

② 茶山语的音标暂照韩孙（O.Hanson）的“山头文”略加修订，但调号是另加的。

⑮ Xang˧zaw˧byu˩　　⑯Byu˩zaw˧te˥

⑰ Te˥maw˧yaw˩　　⑱Maw˧yaw˩p ‘yan˩

⑲ P ‘yan˩byaw˧yang˧　　⑳ Yang˧lawm˧lik˧

㉑ Lik˧ding˩chit˥　　㉒ Chit˥kang˧yan˧

㉓ Kang˧yan˧gwi˩　　㉔ Gwi˩chung˩chyit˧

㉕ Chung˩chyit˧yaw˧　　㉖ Yaw˧au˧ding˥

㉗ Ding˥law˧waw˧　　㉘ Waw˧law˧jang˥

㉙ Jang˥law˧bawm˩　　㉚ Bawm˩law˧nu˥

㉛ Nu˥kyang˧　　㉜ Kyang˧bauʔ˥

㉝ Bauʔ˥myaw˧　　㉞ Myaw˧t ‘uk˥

㉟ T ‘uk˥bawm˩　　㊱ Bawm˩zing˧

㊲ Zing˧yaw˩　　㊳ Yaw˩bawm˩

㊴ Bawm˩k ‘aw˧　　㊵ K ‘aw˧ying˧

㊶ Ying˧sau˧　　㊷ Sau˧ying˧

㊸ Ying˧yaw˩　　㊹ Yaw˩ying˧

㊺ Ying˧k ‘aw˩　　㊻ K ‘aw˩lang˧

以上四十六代，除①、②为平辈外，其余都可以表现父子连名，但第十三代以上和第十四代以下不衔接。据孔科郎说：“第十三代以上可以和牛狗草木讲话，还没有完全变成人。”那么，这或许只是远古的传说，还不能算是孔氏的直系宗谱吧？

乙、董氏世系：

① Yawn˥sau˧　　② Sau˧chang˥

③ Chang˥lang˥

④ Lang˥bau˥=Lang˥gying

⑤ Bau˥zung˥=Bau˥ying=Bau˥taik˩

⑥ Zung˥ying˥　　⑦ Ying˥sau˧

⑧ Sau˧chang˥　　⑨ Chang˥sau˧（董昌绍）

这个谱里，第四代有兄弟二人，第五代有兄弟三人，那么，这一支应该是长房传下来的。据董昌绍说，约在四百年前，片马还是林莽丛芜的时候，他的第一世祖Yawm˥sau˧才来到这里做“筚路蓝缕，以启山林”的开荒工作。这位拓荒者的坟在下片马，坟地内有汉文碑和刻像。第四世祖的坟在下片马Cyung˩gyung˧山上；第五世祖的坟在下片马Aw˧yaw˩bau˩：这两个坟都没有碑。拿孔、董两家比较来看，董氏似乎比孔氏晚得多；如果昌绍的话可信，那末董氏似乎从明朝嘉靖的末叶才搬到片马去的。

西番支

3. 么些或纳西（Moso和Na-khi）　据余庆远《维西见闻纪》说：

么些无姓氏，以祖名末一字，父名末一字，加一字为名递承而下，以志亲疏。

其实，若照上文所举连名制的四种方式和下面所举么些族的三种世系详加审核，咱们就可以发现余氏所说的话似是而非了。我所得到的四种材料是：

甲、丽江么些经典中所记大洪水后的六代：

① 宗争利恩	② 恩亨糯	③ 糯本培
④ 本培呙	⑤ 呙高劣	⑥ 高劣趣[①]

照余氏的说法，这里的第三代便应作“恩糯培”，第四代应作“糯培呙”，显然是跟事实不符的。

乙、“玉龙山灵脚阳伯那”《木氏贤子孙大族宦谱》里所记传说的十二代：

① 天羡从从	② 从从从羊	③ 从羊从交
④ 从交交羡	⑤ 交羡比羡	⑥ 比羡草羡

① 据董作宾《爨人谱系新证》所引，见中山文化教育馆《民族学研究集刊》第2期。

⑦ 草羡里为为　　⑧ 里为糯于　　⑨ 糯于南伴普

⑩ 伴普于　　⑪ 于哥来　　⑫ 哥来秋[①]

从此以后便接续木氏的历史世系。据说木氏的第一代祖先是叶古年。叶古年以前十一代是东汉时的越雟诏，他以后的6代改为笮国诏。杨慎《木氏宦谱序》说：叶古年是唐武德时的军官，他的后裔秋阳却在唐高宗上元时才袭职。可是，若据父子连名制的系统来讲，哥来秋以后就应和秋阳系联，中间不该有叶古年间隔。我颇怀疑叶古年就是哥来秋或秋阳两人中之一的汉化姓名。自然这一点还需要更多的证据才能断定。

丙、丽江《木氏宗谱》：

木氏是从唐武德年间到清初时候世袭的丽江土司，关于这一家的宗谱共有四种：

① 杨慎《木氏宦谱序》　明嘉靖二十四年撰，今藏丽江木氏家。

②《木氏宦谱图像世系考》　与杨《序》合装一册，有二本：一有清道光二十年海南陈钊钟所题“木氏归命求世之图”的标签并后序及诗跋，藏丽江木氏家；一题《木氏宦

① 参看Joseph F.Rock，*The Ancient Na-khi Kingdom of south-west China*，Cambridge，1947，pp.81～85。

谱》，藏云南鸡足山悉檀寺。

③《木氏历代宗谱碑》　在今丽江县城东南十里蛇山木氏坟地，清道光二十二年初镌。

④《续云南通志稿·南蛮志》　么些诏附注之《木氏宦谱》。《志稿》系清光绪二十七年王文韶等修成。

这四种材料的异同，详陶云逵《关于么些之名称分布与迁移》和我的《记鸡足山悉檀寺的〈木氏宦谱〉》两篇文章里，这里且不多赘。现在只据《木氏历代宗谱碑》列其世系如下：

① 秋阳　② 阳音都谷
③ 都谷剌具　④ 剌具普蒙
⑤ 普蒙普王　⑥ 普王剌完
⑦ 剌完西内　⑧ 西内西可
⑨ 西可剌土　⑩ 剌土俄均
⑪ 俄均牟具　⑫ 牟具牟西
⑬ 牟西牟磋　⑭ 牟磋牟乐
⑮ 牟乐牟保　⑯ 牟保阿琮
⑰ 阿琮阿良　⑱ 阿良阿胡
⑲ 阿胡阿烈　⑳ 阿烈阿甲
㉑ 阿甲阿得（木得）　㉒ 阿得阿初（木初）

㉓ 阿初阿土（木土） ㉔ 阿土阿地（木森）

㉕ 阿地阿寺（木嵚 ） ㉖ 阿寺阿牙（木泰）

㉗ 阿牙阿秋（木定） ㉘ 阿秋阿公（木公）

㉙ 阿公阿目（木高） ㉚ 阿目阿都（木东）

㉛ 阿都阿胜（木旺） ㉜ 阿胜阿宅（木青）

㉝ 阿宅阿寺（木增） ㉞ 阿寺阿春（木懿）[①]

㉟ 木 樨 ㊱ 木松

㊲ 木润 ㊳ 木楫

㊴ 木仁

以上三十九代的连名制，第一代和第二代是用第一式，第二代到第十六代用第三式，第十七代到第三十四代用第四式。到了明初虽赐姓木，但原来父子连名的风习一时不易更改，只在木姓后加上原名的末一名作为姓名，例如阿甲阿得也叫做木得。直到清康熙时，从木樨以后这种文化特征才看不出来了。

丁、永宁土司的世系：

据《永北直隶厅志》（卷三，页36下到页41上）所载永宁

---

① 据J.F.Rock前引书，pp.136～153，木懿以后为阿春阿俗（木靖）、阿俗阿胃（木尧）、阿胃阿挥（木兴）、阿挥阿住（木钟），仍用连名制。木钟以后，木德、木秀、木睿、木汉、木景、木荫、木标、木琼、木松奎始废弃之。所据与《木氏历代宗谱碑》不同。

土司世系的前两代也是采用父子连名制的：

①卜都各吉　　②各吉八合

可是从第三代卜撒（1413）、第四代南八（1425）以后这种文化遗迹已经消灭；从第五代阿直（1458）起，子孙就都以“阿”为氏了。这种汉化的趋势是从明永乐时候才开始的。[①]

倮倮支

4. 倮倮（Lolo）　就已经得到的材料说，这个部族的谱系我曾经看见过七种：

甲、丁文江（V.K.Ting）《爨文丛刻》（*A Collection of Lolo Writings*）《帝王世纪》中洪水以前的三十代：

①希母遮	②遮道公	③公竹诗
④诗亚立	⑤立亚明	⑥明长决
⑦长决作	⑧作阿切	⑨切亚宗
⑩宗亚仪	⑪仪亚祭	⑫祭迫能
⑬迫能道	⑭道母仪	⑮母仪尺
⑯尺亚索	⑰索亚得	⑱得洗所
⑲洗所多	⑳多必益	㉑必益堵
㉒堵洗仙	㉓洗仙佗	㉔佗阿大

① 参看J.F.Rock前引书，pp.377～381。

㉕ 大阿武　　㉖ 阿武慉　　㉗ 慉侏渎

㉘ 渎侏武　　㉙ 武老撮　　㉚ 撮朱渎

据译者罗文笔的序文说："从人类始祖希母遮之时，直到撮朱渎之世共有三十代人。此间并无文字，不过以口授而已。流于二十九代武老撮之时，承蒙上帝差下一祭司宓阿叠者，他来兴奠祭，造文字，立典章，设律科，文化初开，礼仪始备。但此间当有洪水略解，余无此书，不能备载。"所谓"洪水"是一个阶段，往前推溯到他们传说中所认为人类的始祖希母遮，而第三十代撮朱渎又和水西安氏的始祖渎母吾连起名来了。

乙、《爨文丛刻·帝王世纪》中的"后天渎母"世系，即贵州水西倮倮安氏世系，从安氏的始祖渎母吾到一分明宗共计八十四代：

①渎母吾　　② 母齐齐　　③ 齐亚红

④ 红亚得　　⑤ 得古沙　　⑥ 沙古母

⑦ 古母龚　　⑧ 龚亚陇　　⑨ 陇亚告

⑩ 告亚守　　⑪ 守亚美　　⑫ 美阿得

⑬ 得亚诗　　⑭ 诗美武　　⑮ 美武梦

⑯ 梦蝶多　　⑰ 多亚质　　⑱ 质吾勺

⑲ 吾勺必　　⑳ 必一梅　　㉑ 梅阿亮

㉒ 亮阿宗　　㉓ 宗亚补　　㉔ 补亚勺

㉕ 勺亚讨	㉖ 讨阿常	㉗ 阿常必
㉘ 必益孟	㉙ 孟吾守	㉚ 守阿典
㉛ 典亚法	㉜ 法一宜	㉝ 一宜尺
㉞ 尺亚主	㉟ 主阿典	㊱ 典阿即
㊲ 即亚登	㊳ 登亚堵	㊴ 堵阿达
㊵ 阿达多	㊶ 多阿塌	㊷ 塌阿期
㊸ 期阿否	㊹ 否那知	㊺ 那知渎
㊻ 渎阿更	㊼ 阿更阿文	㊽ 阿文洛南
㊾ 洛南阿搕	㊿ 阿搕一典	51 一典即期
52 即期忍一	53 忍一卜野	54 卜野一尊
55 一尊老勺	56 老勺渎在	57 渎在阿宗
58 阿宗一衢	59 一衢卜宜	60 卜宜阿义
61 阿义阿洛	62 阿洛阿冬	63 阿冬大屋
64 大屋老乃	65 老乃老在	66 老在阿期
67 阿期老帝	68 老帝卜直	69 卜直那考
70 那考崩在	71 崩在老知	72 老知老铺
73 老铺不足	74 不足直巴	75 直巴安作
76 安作直吾	77 直吾老成	78 老成洛西
79 洛西非说	80 非说老古	81 老古老得
82 老得老颠	83 老颠一分	84 一分明宗

据罗文笔说：“余详考我宗祖母齐齐之谱系，直至我主安昆被吴三桂掳掠之时，共计八十四代，其间治乱兴衰，不及详载。”从吴三桂灭水西安氏到罗文笔还有六代，若从他的始祖希母遮算起一共是一百二十代，一贯相承，都用父子连名制。

丙、武定夷族古史：

这部分材料是马学良从武定凤土司家里得到的。一种是相连的六代：

竹　彻　客　第　一

dy˩　tʂ'ɛ˩　k'ɤ˥　ni˩　t'a˩

彻　客　士　第　二

tʂ'ɛ˩　k'ɤ˥　ʂʅ˥　ni˩　ni˥

士　阿　沙　第　三

ʂʅ˥　ɣa˧　ʂa˧　ni˩　sɒ˧

沙　鲁　濯　第　四

ʂa˧　lu˧　tʂwɔ˥　ni˩　ɬi˧

鲁　濯　楚　第　五

lu˧　tʂwɔ˥　t'y˧　ni˩　ŋy˧

楚　舒　族　第　六

t'y˧　ʂʅ˧　ts'y˧　ni˩　tɕ'ʋ˥

另一种是相连的十代：

母　阿　齐　第　一

mv̩˧　ɣa˧　ts‘i˧　ni˩　t‘a˩

齐　阿　宏　第　二

tɕ‘i˧　ɣa˧　hũ˧　ni˩　ni˥

宏　阿　德　第　三

hũ˧　ɣa˧　dɣ̃˥　ni˩　sɔ˧

德　窝　所　第　四

dɣ̃˥　ɣuʔ˥　ʂwɔ˧　ni˩　ɬi˧

所　务　母　第　五

ʂwɔ˧　'v̩˧　mv̩˧　ni˩　ŋv̩˧

务　母　筹　第　六

v̩˧　mv̩˧　tʂ‘wɔ˥　ni˩　tɕ‘ʋ˥

筹　阿　怒　第　七

tʂ‘wɔ˥　ɣɑ˧　nũ˧　ni˩　ɕi˥

怒　阿　鲁　第　八

nu˧　ɣa˧　lu̽˧　ni˩　hɪ˥

鲁　阿　士　第　九

lu̽˧　ɣa˧　ʂʅ˥　ni˩　ky˧

士　阿　末　第　十

ʂʅ˥　ɣa˧　mɔ˧　ni˩　ts‘ɛ˩

第二种的前三代完全和水西安氏的第二代到第四代相同。在马君所得的材料里，像这样的谱系共有二十几种，现在只选列两种做例。

丁、四川冕宁倮倮的父子连名制：

这是傅懋勣根据冕宁小相公巅黑倮倮的报告写下来的。他曾写成《倮倮传说中的创世纪》一文在成都出版的《边疆服务》上发表，并先把这些材料抄寄给我。他所抄的原文是：

v̩˥ dʐɯ˥ ʂʅ˩ ɿ˩ tsʅ˥（自）

ʂʅ˩ ɿ˩ ɣɯ˥ t'ɯ˥ ts'ɿ˩（一辈）

ɣɯ˥ t'ɯ˥ vo˩ lɯ˥ ȵie˩（二）

vo˩ lɯ˥ tɕ'y˥ pu˩ sua˩（三）

tʑ'y˥ pu˩ dʑy˥ m̩˩ ɿ˧（四）

dʑy˥ m̩˩ zɯ˧ so˧ go˧（三儿）

dʑy˥ m̩˩ dʑy˥ t'ɯ˩ gɛ˥（断根）

dʑy˥ m̩˩ dʑy˥ l̩˩ gɛ˥（断根）

dʑy˥ m̩˩ v̩˥ v̩˦ dzu˧（有后）

v̩˥ v̩˩ zɯ˧ so˧ go˧（三儿）

v̩˥ v̩˩ la˥ iɛ˩ iɛ˧ lɛ˧ hɛ˩ ŋga˥（汉人）

v̩˥ v̩˩ kɪ˥ tsʅ˩ lɛ˧ no˥ su˥（黑夷）

ɣ̩ ˥ ɣ̩ ˩ sɿ ˩ ʂa ˩ lɛ ˧ o ˦ dzu ˩ （西番）

这个例里每句除名字外还有表示意义的字眼，凡字下加曲线的都是。它的世系虽然只有六代，但连名的制度很显然，并且夷、汉、番的关系在夷人心目中是怎样也表示出来了。

戊、西康倮族阿合和罗洪两氏家谱：

这也是傅懋勣在川康调查时所得材料的一部分。阿合和罗洪都是当地倮族的大支，他们的世系，前一种是十二代，后一种是十四代，完全采用父子连名制：

① 阿合家谱（见附表一）

② 罗洪家谱（见附表二）

以上这两个家谱是傅君根据阿合和罗洪两家后裔口头背诵，先以倮文记录然后再译成汉字的。在川滇黔以外我们现在又加上这种从西康得到的可贵材料，可见这种制度是流布很广的。

此外，据凌纯声说："1935年在云南时，遇四川大凉山附近的罗罗青年曲藏明，曾告余，他的父亲能背家谱，上下世连名，数十代相承，丝毫不爽。"证以傅君所记，咱们可以知道这种制度在川康夷族中是一样通行的。

5. 窝尼（Wo-ni） 窝尼亦作和尼，是汉人对于住在云南南部操倮倮方言各部族的称呼。他们住的地方没有越过北纬

24° 以北的。据毛奇龄《蛮司合志》卷八说："诸甸本土，罗罗和尼人好相杀，死则偿以财。家无姓名，其有名者，或递承其父名之末一字，顾无姓。弘治（1488—1505A.D.）中知府陈晟以《百家姓》首八字司分一字，加于各名之上，诸甸皆受，惟纳楼不受。"可见窝尼一样沿用父子连名制。1943年和1944年高华年和袁家骅前后到云南新平、峨山两县去调查窝尼语，可惜他们对于这一方面没有注意到，使我不能证实毛奇龄的话，像对于倮倮那样真确。

6. 阿卡（A-ka） 阿卡也叫卡人，人数甚多，住在景栋东部、云南南部和老挝。1935年陶云逵到云南南部调查，在从孟连（Mong Len）到孟遮（Mong Chieh）途中经过一个叫酒房的阿卡村落，他由两个阿卡老人的口中记录出下面两个世系来：

甲、卡罗赛的世系，共五十六代（记音照陶氏原来的系统）：

① Su-mi-o ② O-tzou-lö

③ Tzou-lö-tzung ④ Tzung-mö-yieh

⑤ Mö-yieh-ch ‘ia ⑥ Ch‘ia-di-hsi

⑦ Di-hsi-li ⑧ Li-ho-bä

⑨ Ho-bä-wu ⑩ Wu-nio-za

⑪ Nio-za-tzwo ⑫ Tzwo-mö-er

⑬ Mö−er−chü

⑭ Chü−two−p ‘uo

⑮ Two−p‘uo−muo

⑯ Muo−kŭo−twŏ

⑰ Kŭo−twŏ−ji

⑱ Ji−le−nio

⑲ Nio−ch ‘i−la

⑳ La−tang−buŏ

㉑ Buŏ−muo−buo

㉒ Muo−buo−ji

㉓ Ji−la−bi

㉔ Bi−mŏ−tzwo

㉕ Tzwo−hwā

㉖ Hwā−jiä

㉗ Jiä−tzä

㉘ Tzä−jiō

㉙ Ji ō −blung

㉚ Blung−läi

㉛ Läi−mi

㉜ Mi−hsia

㉝ Hsia−yi

㉞ Yi−ch‘iä

㉟ Ch‘iä−kung

㊱ Kung−kang

*㊲ Hsia−tzwo

㊳ Tzwo−ji

㊴ Ji−z‘a

㊵ Z‘a−bang

㊶ Bang−lai

㊷ Lai−ni

㊸ Ni−buo

㊹ Buo−pö

㊺ Ma−buo（女）

㊻ Buo−gong

*㊼ P‘u−da

㊽ Da−tzung

㊾ Tzung−ch‘iwo

㊿ Ch‘iwo−ji

51 Ji−z‘a

52 Z‘a−nio

㊿③ Nio–chwo

㊿④ Chwo–zä

㊿⑤ Zä–bluo

㊿⑥ Bluo–sä（本人）

乙、欧赖的世系，共四十七代：

① Su–mi–o

② O–tzou–lö

③ Tzou–lö–tzung

④ Tzung–mö–yieh

⑤ Mö–yieh–ch'ia

⑥ Ch'ia–di–hsi

⑦ Di–hsi–li

⑧ Li–ho–bä

⑨ Ho–bä–wu

⑩ Wu–nio–za

⑪ Nio–za–tzwo

⑫ Tzwo–mö–er

⑬ Mö–er–chü

⑭ Chü–twŏ–p'uo

⑮ Twŏ–p'uo–muo

⑯ Muo–kŭo–two

⑰ Kuŏ–two–ji

⑱ Ji–le–niŏ

⑲ Niŏ–ch'i–la

⑳ La–tang–buo

㉑ Tang–buo–sö

㉒ Buo–sö–lai

㉓ Lai–lung–buo

㉔ Buo–yi–nŏ

㉕ Nŏ–muo–buo

㉖ Muo–buo–di

㉗ di–hsia–biu

㉘ Biu–muŏ–tzö

㉙ Tzö–wo–yi

㉚ Wo–yi–jia

㉛ Jia–tzä

㉜ Tzä–jia

㉝ Jia–blung

㉞ Blung–läi

㉟ Läi–hsia ㊱ Hsia–yi

㊲ Yi–chiä ㊳ Chiä–kung

㊴ Kung–kong *㊵ Hsia–tzwo

㊶ Tzwo–ji ㊷ Ji–za

㊸ Za–bang *㊹ O–dë

㊺ Dë–gong ㊻ Gong–tzwǒ

*㊼ Ou–lä（本人）（*号表示不衔接）

这两个世系的前二十代完全相同；甲系第二十七代到第四十代，除去三十一、三十二两代外，也和乙系第三十一代到第四十三代相同。只是甲系的第二十一到第二十六代，第四十一到第五十六代，乙系第二十一到第三十代，第四十四到第四十七代，是各成系统的。因此咱们可以知道这两系的宗属很近。至于甲系的第三十七代和第四十七代，乙系的第四十代、第四十四代和第四十七代何以各和上代不衔接，那或许是传诵的讹漏，也或许另有别的原因，现在还不能断定。

以上所说，是就我现在所能找到的材料来讨论的。自然，在藏缅族以内的其他部族或以外的旁种部族具有这种文化特征的，也许不在少数，将来需要补充的地方正多。这篇文章只在用磁石引铁式提出问题，希望引起各方面注意，慢慢地材料越凑越多，便可让它得到圆满的解决了。

这种制度有什么用处呢？照我想第一是帮助记忆。以上所举各支除倮倮么些外，都没有文字，即使有文字也不是日常应用的。有了这种“顶针续麻”式的连名制便容易背诵得多了。其次，因为容易记忆，每个人便可以把他祖先的名字从始祖到自己都记在心里，借此可以知道凡是能推溯到同一始祖的都是同族的人，并且从这承先启后的链索，还可以分别世次，像汉人宗谱里的字派一样，这在种姓的辨别上是很关重要的。

此外的功用，便是可以帮助咱们解决些个历史上的族属问题。

关于云南的古史，中国的史书像司马迁的《史记》、班固的《汉书》、常璩的《华阳国志》和樊绰的《蛮书》虽然都有记载，但嫌语焉不详。直到元明的时候，中国人得到土著用白子文所写的《白古通》以后，对于云南古史知道的才比较多一点儿。于是元张道宗著有《记古滇说》，明阮元声著有《南诏野史》，杨慎著有《滇载记》，对于南诏先世的世系都有记载。不过和《后汉书》所载哀牢夷的沙壹故事，和佛教输入后的阿育王（Açoka）故事往往牵混不清。1941年董作宾在他所作的《爨人谱系新证》[①]里，曾经把《白古记》所载低蒙苴的九

① 中山文化教育馆《民族学研究集刊》第2期，页181～200。

子和《帝王世纪》中渎侏朱（董校作渎武朱）的十二子互相比较，颇有很好的意见，这里且不多谈。我们现在还是单从南诏的世系说起。

有些历史学家和西洋人研究东方学（sinology）或摆夷（Shan）民族史的，像 Hervey de Saint-Devis，Parker，Rocher，Cochrane 等，认为南诏和摆夷的亲缘很近，应该属于泰系（Tai Famlily），并且说南诏就是摆夷所建的王国。据王又申翻译的达吗銮拉查奴帕原著的《暹罗古代史》上说：

> 据中国方面之记载，谓汰人之五个独立区域合成一国，时在唐朝，称之曰南诏。南诏王国都昂赛，即今日云南省大理府。南诏之汰人素称强悍，曾多次侵入唐地及西藏，但终于佛历一千四百二十年（西历877）间与唐朝和好。南诏之王曾与唐朝之公主缔婚。自此以后，王族之中遂杂汉族血统，汰人亦逐渐忘却其风俗习惯，而同化于中国。虽则如此，汰人尚能维持独立局面。直至元世祖忽必烈可汗在中国即皇帝位，始于佛历一千七百九十七年（西历1254）调大军征伐汰国，至入缅甸境内。自彼时起以至今日，汰人原有土地乃尽沦落而变成中国。

对于这个意见，咱们且不提出别项驳议，单就世系来推究，已然足够证明它不对的了。

据杨慎所辑的《南诏野史》引《白古记》，南诏先世的世系是：

骠苴低—低蒙苴—蒙苴笃……

从此以下传三十六世至

细奴罗—罗晟—晟罗皮—皮罗阁—阁罗凤—凤伽异—

异牟寻—寻阁劝—

┌劝龙晟
└劝利晟—晟丰祐—世隆—隆舜—舜化真

假如咱们承认父子连名制是藏缅族的文化特征，而且据陶云逵说，他所得到的车里宣慰司的摆夷宗谱又绝对没有这种现象，那么，看了南诏蒙氏的世系以后，上面所引的意见当可不攻自破了。

至于南诏以外其他五诏的世系大部分也用父子连名制。如：

蒙雟诏凡四世：

雟辅首—佉阳照（弟）—照原—原罗

越雟诏或么些诏凡二世：

波冲—于赠（兄子）

浪穹诏凡六世：

丰时—罗铎—铎罗望—望偏—偏罗矣—矣罗君

逻赕诏凡五世：

丰哶—哶罗皮—皮罗邓—邓罗颠—颠文托

施浪诏凡四世：

望木—望千（弟）—千傍—傍罗颠[1]

后来大理段氏汉化的程度较深，这种文化特征已不显著。可是段智祥的儿子叫祥兴，孙子叫兴智，无意中还流露出父子连名的遗迹来。至于创立“大中国”的高氏也还保持着这种风俗。他的世系是：

高智升—高升泰—高泰明—高明清

高氏的子孙清初做姚安府土同知，仍然沿用父子连名制。光绪二十年所修《云南通志》卷一百三十五，页十七，引《旧志》说：

> 顺治初，高奣映投诚，仍授世职。奣映死，子映厚袭；映厚死，子厚德袭，雍正三年以不法革职，安置江南。

①六诏的世系是参酌樊绰《蛮书》、《新唐书·南蛮传》和杨慎《南诏野史》决定的。

又《云龙记往》的《摆夷传》里也有一段记载说：

> 先是夷族无姓氏，阿苗生四子，始以父名为姓：长苗难，次苗丹，次苗委，次苗跖。苗丹子五人：曰丹戛，丹梯，丹乌，丹邓，丹讲。五子中惟丹戛有子戛登。①

他们的世系应该这样排列：

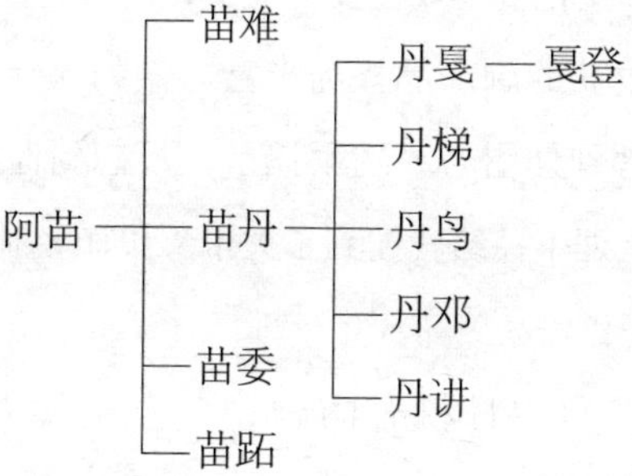

这显然也是属于父子连名制的。不过原书所谓摆夷应该是僰夷或白夷的错误，也就是白子或民家。因为我在上文已经说过泰族并没有这种文化特征，而且从现代民族分布来讲云龙也只有

① 《云南备征志》卷十九。此条承张征东于1944年夏自维西抄寄，特此声谢。

白子而没有摆夷，所以我才有上面的校订。如果我所校订的不错，那么拿这条材料同大理段氏、“大中国”高氏和姚安高氏的世系比较，我们对于民族的族属问题，似乎更可以得到解决的曙光了。然而证据却还不止于此。

1944年7月我们一行三十三人应马晋三（崇六）、阎旦夫（旭）、陈勋仲（复光）、王梅五（恕）诸位的邀请，同到大理采访县志资料，门类分析的细密，参加人员的繁多，颇极一时之盛。吴乾就专攻杜文秀史实，但因为他兴趣广博，功力勤劬，所收获的副产品极为丰富。例如双姓问题，同姓相婚问题，他都到处留心，随手摘录。没想到他比我晚回昆明十天，竟在大理下关给我搜到了关于父子连名制的史料。这真使我大喜过望！

他所得到的材料有两种：一个是《善士杨胜墓志并铭》，大明成化三年“龙关习密僧杨文信撰并书咒”，原碑在大理下关斜阳峰麓么些坪；一个是《太和龙关赵氏族谱叙》，天顺六年二月吉旦“赐进士第南京国子监监丞仰轩山人许廷端顿首拜撰”[①]。在前一个材料里我们发现：

---

① 两种材料原文和吴君跋语载南开大学《边疆人文》第2卷第1、2期合刊，拙著《三论藏缅族的父子连名制》附录。

杨贤—杨贤庆—杨庆定

祖孙三世都是父子连名，庆定以下则不然。据乾就所加按语说："庆定，明洪武间人。洪武十五年左右副将军蓝玉、沐英率师克大理，设官立卫守之，庆定遂为都里长。是则元代段氏之世，杨氏仍沿风习，行父子连名制。至是汉人移居者多，当地土著渐濡汉化，杨氏之放弃其父子连名旧习，盖其一端也。"在后一个材料里我们又发现：

赵福祥—赵祥顺—赵顺海

祖孙三世也是父子连名，自赵赐以下这种文化的遗迹就不可复见了。乾就所加按语说："赵氏自赵福祥而赵祥顺、赵顺海，祖孙三代亦父子连名，其始祖永牙至福祥数世当亦如此，惜其名讳失传，无可考按耳。降及赵顺海子赵赐，父子连名制始废。赐，元末明初人，以习密宗，洪武间曾随感通寺僧无极入觐。此与龙关杨氏自洪武间杨胜始不以父名连已名，正可参考。是则大理土著在元以前皆行父子连名制，迨明洪武十五年蓝玉、沐英等戡定大理后，汉人移殖者日众，当地土人始渐渍汉化，举其远古之惯习而废弃之，当无可疑也。"

拿以上两个实例和我在上文所举的大理段氏、"大中国"高氏和姚安高氏三个例来互相勘研，我们可以提出三条新的结论：

第一，从这个文化遗迹我们可以推测大理乃至迤西各县的一部分土著曾经和藏缅族有过关系。

第二，善士杨胜墓志的所在地是大理下关斜阳峰麓的“么些坪”。拿这个地名和余庆远《维西见闻纪》所记么些姓氏制度及丽江《木氏宗谱》的三十四代父子连名互相参证，我觉得这绝不是偶然的巧合，至少可以说杨胜的先世和广义的藏缅族有过血缘关系。况且据“玉龙山灵脚阳伯那”所载木氏传说中的第七代祖先“草羡里为为”的第三个儿子就是民家（么些语“Lä-bbu”）的祖先，那尤其确凿有据了。

第三，从前赖古伯里（Terrien de Lacouperie）、戴维斯（H. R. Davies）、丁文江、凌纯声等关于民家族属的推测，由这个文化特征来看，我认为都值得重新考虑了。截至现在，只有李方桂所说民家语言和倮倮语相近的假设还离事实不远。

在中国古史里也有一种以祖父的字或名为氏的制度，郑樵《通志·氏族略序》说：

> 七曰以字为氏：凡诸侯之子称公子，公子之子称公孙，公孙之子不可复言公孙，则以王父字为氏。如：

郑穆公之子曰公子骓，字子驷，其子曰公孙夏，其孙则曰驷带、驷乞；

宋桓公之子曰公子目夷，字子鱼，其子曰公孙友，其孙曰鱼莒、鱼石。

此之谓以王父字为氏。

八曰以名为氏：无字者则以名。如：

鲁孝公之子曰公子展，其子曰公孙夷伯，其孙则曰展无骇、展禽；

郑穆公之子曰公子丰，其子曰公孙段，其孙则曰丰卷、丰施。此诸侯之子也。天子之子亦然：王子狐之后为狐氏，王子朝之后为朝氏是也。无字者以名。然亦有不以字而以名者，如樊皮字仲文，其后以皮为氏；伍员字子胥，其后以胥为氏：皆由以名行故也。

《氏族略》二又说：

亦有不以王父字为氏，而以父字为氏者，如：

公子遂之子曰公孙归父，字子家，其后为家氏；公孙枝字子桑，其后为子桑氏。

亦有不以王父名为氏，而以父名为氏者，如：

公子牙之子曰公孙兹，字戴伯，其后为兹氏；季公钼字子弥，其后为公钼氏。

以名为氏者不一而足，左氏但记王父字而已。

这种氏族制度乍看起来似乎也像是父子连名或祖孙连名，也可以由子孙的氏推溯他的宗系由来，但定氏以后父子或祖孙的名字间就不再有链索关系，所以和藏缅族的父子连名制是不能强为比附的。

最后，我想起胡适1914年7月20日在他的《藏晖室札记》卷五里曾经记了一条“印度无族姓之制”说：

与印度某君谈，其人告我，印度无族姓之制，其人但有名无姓氏也。其继承之次，如父名约翰·约瑟·马太，则其子名约瑟·马太·李却，李却为新名，其前二名则父名也；其孙则名李却·腓立·查尔斯，其曾孙则名腓立·查尔斯·维廉，以此类推。

原文所谓约翰、李却等等，自然是借用西洋人的名字来说明印度的这种制度，并不是说印度人当真用这几个名字。我对于这个提示颇感兴趣，可惜对于印度所知道的太少了，所以关于这一点还得希望印度友人的帮助，好使我将来有订补本文的机会。至于波斯、阿拉伯和俄国的姓名制度虽然也含有表现世次的特征，但是因为和这里所讨论的父子连名制并不相同，所以本文不再赘及。

1943年12月10日初稿，次年2月25日重订；1949年3月20日续纂“再论”、“三论”两篇，以成全文。

按，此文属稿时，承陶云逵先生惠赠阿卡族之世系两种，并予以数点宝贵之商订。12月21日余在西南联合大学文史学讲演会宣读此文，复承亲自莅场切磋，且为《边疆人文》索稿。乃修订未竟，君突为病菌所袭。比及辗转床褥，犹谆谆以此为念，嘱其夫人林亭玉女士翻箧检寻。经余笺告待君痊可后呈正，始克安心。今此文虽勉强写定，而君已不及见之矣！悬剑空垄，衔恨何如？君所作《西南部族之鸡骨卜》方刊布于《边疆人文》第2期，综合勘究，胜义殊多。倘假以岁年，则其有造于斯学者，讵可限量？今竟奄忽溘逝，则岂朋辈之私痛而已哉！君以1944年1月26日下午5时病殁于昆明云南大学附属医院，次月16日各学术团体相与开会追悼之。余挽以联语云：

谵语病帏间念念不忘连名制；

痛心遗笥里孜孜方竟骨卜篇。

盖纪实也。呜呼云逵！君如有知，当因知友之践约而怡然瞑目耶？抑因赍志谢世而永怀无穷之悲邪？

附表一　阿合家谱（十二代）

- 乜也乜家—乜家四都—四都普子—普子阿居
  - 阿居拉马—拉马别也
    - 别也阿卯
    - 别也阿针
  - 阿居火额—火额铺古
    - 铺古阿则
      - 阿则吉诺
        - 吉诺别也
        - 吉诺深格—深格比耳
          - 比耳杂谷
          - 比耳苏谷
            - 苏谷普子
            - 苏谷锅体
      - 阿则耳子
        - 耳子阿耳子
        - 耳子耳谷—耳谷咱谷
          - 咱谷普姆
          - 咱谷耳吉
            - 耳吉苏家
            - 耳吉阿搏
        - 耳子吉火—吉火沙古
          - 沙古格兹
          - 沙古易来
        - 耳子阿格—阿格窝谷
          - 窝谷易来
          - 窝谷熟谷
          - 窝谷肉耳
          - 窝谷吉苦
    - 铺古吉日
    - 铺古阿指—阿指耳呷
      - 耳呷补吉
      - 耳呷额称

附表二　罗洪家谱（十四代）

奥抵阿锅
↓
阿锅老塞
↓
老塞阿衣
↓
阿衣内格
↓
阿雷阿姆—

- 阿姆息抄
- 阿姆吉抄
- 阿姆瓦撤
- 阿姆武耳
- 阿姆沙普
  - 沙普窝觉
    - 窝觉吉格–吉格勒帽
      - 勒帽鸟鸟
      - 勒帽阶时
      - 勒帽锅锅
      - 勒帽耳日
      - 勒帽吉黑
      - 勒帽骨泥
        - 骨泥吉汝
          - 吉汝阿抵
          - 吉汝超耳
            - 超耳吉抱
            - 超耳打家
          - 吉汝易雷
            - 易雷吉黑
            - 易雷吉家
            - 易雷日兹
        - 骨泥阿日
        - 骨泥日指
        - 骨泥厄则
        - 骨泥鸟鸟
        - 骨泥拉指
    - 窝觉租租
      - 租租嗞吼
      - 租租格兹
      - 租租哟平
      - 租租比衣
      - 租租吉锅
    - 窝觉铺地
    - 窝觉吉略
      - 吉略吉诗
      - 吉略铺帽
    - 窝觉窝梯
      - 窝梯吉咡
      - 窝梯来毕
  - 沙普比耳
- 阿姆咡额
- 阿姆阿能
- 阿姆沙租
- 阿姆施耳
  - 施耳你特
  - 施耳吉合

附　吴乾就所录“父子连名制”文件二种

善士杨胜墓志并铭

龙关习密僧杨文信撰并书咒

窃以孝子之事丧亲也，先以明堂之为重。此庆杨氏之茂族者，是大理龙关邑之贤也。高祖杨贤，元朝于知管掌方面，可行明令从万民为乡里。曾祖杨贤庆，接任仓官，有大行之威势。祖考杨庆定，洪武年间，建立苍洱府县，封为本都里长，生于三男：曰长，曰平，曰胜。胜取（按当为“娶”）杨氏，生于三男：长曰山，次曰禄，三曰惠；后取（按当为“娶”）何氏，曰兰，生于海能，男妇曰好，曰才，曰春，曰音姐。续孙（按，从上下文观之，“续孙”盖“续弦”之音误，详下）曰温，曰圭，曰坚，曰旻。有三女：曰丑，适杨圭，曰朱，适赵四，曰善，适苏禾。四男三女之数，各生子孙聪後（按原刻如此，当为“俊”之误笔），续代贤绣（按当为“秀”之误），连绵不殆（按，“殆”为“绝”之音误）。成化二年闰三月，年至耳顺，大限寿终，卜择吉地，葬之斜阳。长男杨山，起大孝心，投之先生，请文赞文（按当为“父”之误，从下句“高曾”对举父之上似落一“祖”字，当作“祖父”或“父祖”）之厚德，题高曾祖之扬名，兴后绍子嗣，示现现（按原钞如此，盖现世之意或衍一“现”字）从所遗之本，配□（按此字漫漶难辨，据上文当为“杨”字）修善之门，乡党举之尊见偣（按原文如此）；盖亲族怜（按当为“邻”之误）里，广布田地粮食，可以接济贫人。是以生男好学，明晓三端六艺，或文或武；女有三从四德，守闺守室。

大哉宗枝，可以彰也！

铭曰：

元姓宏农，表德讳胜，生之晓月，有名有行。

贤子贤孙，体师习仁，胤嗣报恩，立石刻铭。

孝男杨山，杨三十禄，杨惠，杨海能

大明成化三年，孟春三月吉日立，石匠何嵩刻

乾就谨按：原碑在大理下关斜阳峰麓么些坪。坪上诸墓，元明为多，元以前者皆火葬，以瓦瓮载骨灰埋地下，上平放石一方，立石幢其上，幢高三尺许，顶有藏文咒语，盖么些人之习俗也。明代则垒石为坟，前立石碑。碑盖自右而左……志碑为汉文，碑阴皆藏文横书，字体至工致，诸明代碑皆

然，此碑亦如之。

此墓志有堪注意者数事：

1. 自杨贤而至杨贤庆，而杨庆定，祖孙三世，皆父子连名，而庆定以下则否。庆定，明洪武间人，洪武十五年左右副将军蓝玉、沐英率师克大理，设官立卫守之，庆定遂为都里长。是则元代段氏之世，杨氏仍沿风习，行父子连名制。至是汉人移居者多，（据《明史》列传第二百一，“云南土司·大理”条：洪武“十六年……命六安侯王志、安庆侯仇成、凤翔侯张龙督兵往云南品甸，缮城池，立屯堡，置邮传，安辑人民。……二十年诏景川侯曹震及四川都司选精兵二万五千人，给军器农具，即云南品甸屯种，以俟征讨。”则汉人于大理府属，大规模移民屯种，乃洪武二十年事。）当地土著，渐濡汉化，杨氏之放弃其父子连名旧习，盖其一端也。原碑云：“高祖杨贤，元朝于知管掌方面，可行明令从万民为乡里。”虽仅溯至杨山之高祖，元时居于龙尾关，未及其始祖所自出。唯碑南复有大理府学儒士杨永撰《故处士杨公墓志》曰：“按状：公讳脚，姓杨，为龙尾世家，其始所自出莫考。……时成化二年龙集丙戌春三月良日，孝妻施氏，孝子杨德、杨明等同立。”此碑亦立于成化间，先《杨胜墓志铭》一年。杨胜殆与杨脚同族，而“其始所自出莫考”，但“为龙尾世家”。则杨氏盖久居大理之土著，当可置信也。

2. 杨胜娶杨氏，女杨丑复适杨圭，则婚媾不讳同姓，盖大理土著之习尚。今大理人之同姓相婚，其所从来远矣。

3. 就文体言，“于”（於）字凡四见，“元朝于知管掌方面”之“于”字，殆与“以”字同义；其余二“生于三男”，“生于海能”，三“于”字，皆无义，可删，而三句句法皆同有此“于”字；岂其时土人之口语虚字欤？

4. 碑文惯例，以至汉人礼俗，妇人皆称氏而不名，而此则题杨胜后妻曰何兰，其媳曰好，曰才，曰春，曰音姐。（按原碑下云：“续孙曰温，曰圭，曰坚，曰旻。”所谓“续孙”于义难通。若谓杨胜有此四孙，但下文云：“四男三女之数，各生子孙聪俊。”男女皆总其数，于孙则否。则非谓杨胜有此孙辈四人于文义甚明。杨胜有子四，男妇四，“续孙”四名，复紧接于男妇四名之下，则所谓“续孙”盖“续弦”之音误，谓杨胜四子，娶妇四，后复娶四妇也。杨山等之续孙，殆犹其父之“后取”耳。若此悬拟为可信，则杨胜八媳皆尽举其名，而略其氏也）皆举其名而反略其氏，亦可异也。意者，么些人有较原始之种姓，而无较后起之氏从姓出之氏，姓不常用，（如满人之姓爱新觉罗，亦不常冠于名上也。盖全族一姓，诸人皆同，自无需此赘称耳）即以父名冠已名，表示某人之子某，以当汉人之所谓氏。杨氏自杨胜始，始去父子连名制。明初距其旧习未远，故此所起之氏，（盖汉化后仿汉人而立者）每为时人所忽略，今杨胜诸子妇于碑文中举名略氏，殆以此故欤？

5. 原文云："此庆杨氏之茂族者，是大理龙关邑之贤也。"此"庆杨氏"之"庆"字，于文义颇难索解。苟释为形容词，实扞格难通。考杨氏自杨胜始不连父名以为己名，其父曰杨庆定，祖曰杨贤庆，皆同具一庆字，方诸春秋时，以王父字为氏之习尚，则杨胜今不复连父名以为己名，而取祖父名之末字以为氏，则庆字正其选也。故窃谓"庆"字为一专名：杨氏固氏杨矣，亦可氏"庆"，故亦可合称为"庆杨"氏也。兹仅聊备一说于此，以待先进教正，未敢遽为断论，强作解人！

6. 杨胜配口，乡党举为"尊见偿"；杨禄又作杨三十禄。（按"三十"当非"禄"之字，杨山、杨惠、杨海能皆未字名连书，且碑中人名，亦尽有名无字，盖时人尚无此习也）此"尊见偿"、"三十"果何取义，俱待考。

太和龙关赵氏族谱叙

宇宙间无穷止，无测量，大无内，小无外者，佛法僧也。其设教不一，唯秘密一宗，为三宝中最上乘也。教始燃灯，如来传释迦文佛，释迦于涅槃会上传金刚手尊者，尊者传五印度诸国王，金刚乘师波罗门，遂成五祖因缘。今阿左力皆中印度之秘宗也。蒙晟罗时，天竺人摩迦陀阐瑜伽教，传大理阿左力辈，而赵氏与焉。自是法派分流南渡矣。赵氏之先讳永牙者，福应万灵，不可尽述。凡几世传至赵福祥，祥顺，顺海，世居大理太和龙尾关白蟒寨。蒙旹关中有白蟒吞人为害，适启赤城者，义士也，手持利刀，舍身入蟒腹，蟒害遂除。居人德之，取赤城葬于灵塔寺，建浮屠镇之，煅蟒骨灰之，遂名曰白蟒寨。今人误名白马，非也。顺海公资性颖敏，慕道精勤，驱役鬼神，召风至雨，禳役（疫）救灾，可谓德服众望者。公之大父与考，宗眼慧明，运风雷，伏龙虎，旱求必澍，淫求则止，咸为蒙诏国师。顺海生子一，曰赐，赐生三子：曰寿，曰均，曰护，亦习先业，咸以德著。洪武十五年天兵克服云南，取大理，赐如京款贡，均请从焉。时禁宫崇（按当为“祟”之误）乱，公深入宫闱默坐课功，不旬日而祟除。天颜有喜，给羊皮旨，免世差，钦赐人头骨、水盂、法鼓、宫绣、袈裟等宝，并御制诗十八章。驰驿遗（按当为“遣”之误）还。护迎公于滇，滇人留护治孽龙，遂家于滇池海口。其后莫考。公抵家与师无极勤（按“勤”当作“勒”）御制诗于感通寺悬之。乃健（按当作“建”）寺于山之左腋，屡被水患，再迁于荡山之巅，名曰宝度。公生于元至正戍（按当作“戊”）子，寿七十二。永乐十八年不疾跏趺坐化，时有白气自泥瓦上冲，饭顷方息。荼毗之日，舍利莹然，葬于斜阳麓。从葬者如归市，咸睹瑞鹤回翔，彩霞呈秀，莫不称奇。兹天顺六年适长子寿再应第二次钦取诏，恐祖迹沦没，以族谱谋于余，恳余叙诸首，可谓光前裕后矣。余不似，姑述其略以传不朽，以识岁月云。

时天顺六年二月吉旦

赐进士第南京国子监监丞仰轩山人许廷端顿首拜撰

太和赵氏渊流

草木子作

赵永牙　公唐末宋人也，与董细师、杨会舍、王玄兴六人游行于渠酋之间。

西竺神僧出永牙，随求随应果无涯。

天水流传公命脉，至今衣钵染烟霞。

敦素子天目山人高季赠

赵福祥　公生于蒙段时，永牙之玄孙也。

西旡佛种，蒙诏师封。

坐招风雨，伏鬼屠龙。

噫嘻吁，孰能与之追踪。

翰林院修撰银溪王岳赠

赵祥顺　公生于元，福祥之子，有孝行。

口吐白毫毛，毛内见佛像。

霪求立可晴，旱求立可降。

鬼神服其灵，日月失其亮。

功行超今古，皜皜不可尚。

监察御史西淙杨瑄赠

赵顺海　公生于元，祥顺之子，寿八十二，娶杨氏。

人世妖魔作崇殃，神师驱伏敢猖狂。

任他风雨能呼至，天地阴阳自主张。（按当作“祟”）

巡城御史萃峰张鹏题

赵　赐　公生于元，顺海之子，洪武龙兴十五年，天兵征云南既平，以西平侯沐（按乃“沐”之误）公保厘之，于时感通僧无极率徒入觐，公携子均从焉，献白驹一骑，白山茶一本。高皇纳之，山茶忽开一朵。上喜，命翰林大学士李翀应制赋诗赠之。赐御制诗十八章并序记，驰驿遣归。遇子护，迎公于滇，滇人留护治昆海龙，遂家焉。公寿七十二。

竺皇秘毗求种轮，自款灵阙山三月。

来纳法德到归功行满朋，西土精阐不特千一。

国都教卢紫菰孤。

编修车泉杨慎赠

（下略）

乾就谨按：太和龙关赵氏族谱为黄纸手卷，上有红硃长印多颗，文为："皇帝圣德，奉戴玄珠"，纸多断烂，以棉纸裱之，今仍断为大小二卷。全谱纸张如一，惟有新旧之分，故色素有赭黄嫩黄之别而已。手卷一面工楷钞写"大般若波罗蜜多经卷第四十一"，题云："大理国灌顶大阿左犁赵泰升敬造《大般若经》一部，聊申记云"。末有"时天开十九年癸未岁中秋望日，大师攸清奇识"等字。字体工整，出自一人手笔。手卷之另一面，则为《赵氏族谱》，字体或工或拙，出自多手，盖时有补缀，及经卷既尽，复续纸为之也。

除上所择录及历代世系外，先后复有成化间湖广德安府判云贵解元段子澄之《赵氏族谱后跋》；嘉靖辛亥（三十年）后（按原跋未题年月，唯文中谓嘉靖辛亥，以御史大夫致政家居，"于兹谱有感，复托中溪馆长名笔制后跋，以竟期终"云，则赵作当在嘉靖三十年后事）族人赵汝濂之谱跋；隆庆元年李元阳之《赵氏族谱跋略》；万历丙申（二十四年）昆明张养节之昆阳《赵氏族谱序》：凡此诸序跋，皆述及赵氏先世之所从出，而与许廷端之《太和龙关赵氏族谱叙》略同。

今按，赵氏自赵福祥而赵祥顺、赵顺海，祖孙三代亦父子连名。其始祖永牙，唐末人，自永牙至福祥数世，当亦如此，惜其名讳失传，无可考按耳。降及赵顺海子赵赐，父子连名制始废。赐，元末明初人，以习密宗，洪武间曾随感通寺僧无极入觐。此与龙关杨氏自明洪武间杨胜始不以父名连己名，正可参证，是则谓大理土著在元以前皆行父子连名制，迨明洪武十五年蓝玉、沐英等戡定大理后，汉人移殖者日众，当地土人始渐渍汉化，举其远古之习惯而废弃之，当无可疑也。

附录二　茶山歌[1]

1943年1月间我受滇西战时干部训练团的聘到大理去讲学，回来时带回两位茶山的朋友：一个住在片马的叫董昌绍，另一个住在噬戛的叫孔科郎。他们俩都是在密支那受过中等教育的。在把他们的语言记录到相当程度时，从3月15日起，我便开始记录他们的歌曲。虽说这是一件新鲜而有趣的事，但他们二位在昆明既住腻了，整天地被我们反复考问式的记音也闹烦了，他们对于唱歌的兴趣似乎也减低得多，所以记录起来不大顺手。

我一看他们那种神气，知道如果再用记录语音式的方法，一准没有好效果。临时我就推开纸笔，先慰劳他们一

---

① 这篇文章初稿原在南开大学《边疆人文》第1卷第5、6期合刊发表（1944年7月，昆明）。

阵，然后说，我要学唱他们的歌，希望他们热心地教我。这样一捧他们，他们一看我手里没拿纸笔记录他们的口供，果然高兴些，当下把那严阵以待的空气和缓下来。

第一个唱的是董昌绍，他先谦虚了一阵，我再恭维一阵，他就摊开他预先写好的歌词唱了起来。因为他受了我们一两个月记音的训练，养成一个随时随处打顿的习惯，唱了两拍就停下来，盯着我看。这真糟糕，记音的那一套怎么用得到记歌曲上面呢？八宝琉璃拆下来可就不成片段了。我想如果我不把我的两手放在使他能真正彻底放心的地方，这歌可能得记不成功。我即刻两手一托下巴，装做欣赏Fostor的名歌似的赞道："好！好！"他这才放心，又从头起，一气儿地唱了下去。唱到歌词的第六行，也就是全曲一半的地方，他不唱了。问他，他说：下面的唱法同刚才一样。他的话使我不禁多想了一想，一看他那态度，我知道尽管我明白这里面没有那么简单，他也知道我明白这里面没有那么简单，我顶好别把局面弄僵了，就当他是唱完了吧，让他一句一句地教我。

他又开始唱第一句，这时使我最诧异的便是他这次的唱法竟和上次不同。

不管怎样，我是极细心地从万难之中去找他唱的节奏、延长音、速度、高低半音、滑动音，如我下面所附谱上所记的结果。而且我唱给他听，他认为我真是唱对了才罢。这时我的纸笔都拿出来了，这样，把全曲的上半弄完。我发现第六句末三拍他竟有两种唱法，有时这样，有时那样，没准儿。

下一半据他说是跟上半一样，到这时，我请他唱，他不耐烦地唱了，不但不大相同，简直说它大不相同也不为过，最末了一句也是两种唱法，忽而这样，忽而那样。这还不算，他把这一半整个儿地提高三度音来唱，我跟着提高上去，他又落下来了。我这才敢说他并非“转调”像最进步的“犯调”或西乐的大曲似的，只不过嗓子不得劲要换换罢了。

下一半我是另纸记录的，我把它当做一支新曲似的重新记录，歌者看我这样笨拙地硬要重写重记，而且把上半曲已经记好的谱和词像害羞似的藏起来，也不禁解颐。殊不知他看不着上半的词和谱，自自然然地唱，结果正如我所料的，曲词和上半竟不尽同。我仍是“必使反之而后和之”，到他承认我所唱的和他唱的完全一样（连各种细微的地方都算在内），他完全赞叹他的学生学得真快真像真好，这才算了。

这时我把他手里拿的歌词撤去，要他和在本乡里一样自然流利地唱一遍全曲给我听。他大窘，他坚持着没有词就不能唱，这使我十分诧异。但到最后我让步了，他拿着词颇不自然流利地唱着，我一面在记录上作最后的修正，一面感觉他的唱法不灵。

第二个唱的是孔科郎，他来了，单刀直入地就掏出一张他预备好的连词带谱的“山头歌”Jing p‘aw mak‘awn要唱，我一看真糟，赶紧请他喝茶，他一手接了茶，那只手仍抓着谱不放。我一面和他闲谈，不让他的眼睛落在谱上，一面借了他的谱过来把歌词另抄在一张白纸上，让他按我所抄的（只有词而无谱的）来唱。他是非常之坚决，“就是这样唱法”。我毫不能改变他的决意，唱四遍都一样。最后，他看见我始终和和气气的，才肯多告诉我一句话，这歌第一句要小声唱，第二句大声唱。我和他闲谈了一阵，他又说第一句乃是独唱，第二句是众人齐唱。如果我惮烦而不再问清楚，会把piano（弱音，小声唱）和solo（高音，独唱），forte（强音，大声唱）和unison（和音，众人齐唱）搅在一团。

我对于他这种坚决的态度非常诧异，不过也没有别的办法，只好存疑，掉换话头，问他是否会唱第一位所唱的那首长歌。他回答不会。他们俩人似乎早已有默契，各唱一首，余非所闻，真是分工合作。通常依情理讲，他们两人同是一个地方的人，鸡犬之声相闻，何况活人在社会交际时所唱的山歌，焉能两人各会一首，其余的都不知道？

歌曲记完之后不久，他们两人又到滇西去了。本来我想拿歌词各个字的声调升降情形和歌曲的升降作一番比较，拿歌词的情绪和歌曲的情绪再作一番比较，因为材料太少，怕没有什么结果，故稍迟疑。

暑期中，我无意中在郊外听见有人隔着墙歌Jing p'aw mak'awn。第一句和孔科郎唱的相同，第二句末一音改为soI，有第三句，与第一句略同，照他的唱法应有第四句，但是唱的人突然停了。接着便是一阵嘻嘻哈哈的打闹。我等了好久，无结果而回。一方面怅惘，一方面确信第二首歌另有唱法。

这使我心里很懊恼，费了好大的劲，以记录语音似的细心耐性和听习大乐章（symphony）似的紧张机警，结果是连兔都没有搏到，于是把它丢在抽屉里一年没理会。

最近看到徐梦麟先生《云南农村戏曲史》之末附有花灯剧的《茶山调》，跟我所记的两首不同。据张清常君的意见，以为花灯剧的唱法，有乐器伴奏，又有过门，更配上汉语的歌词，距离原来茶山歌的面目太远了，故未引用。

当我和张君谈起这两位茶山人唱歌的情形，照他的看法，我这次的记录不但没失败，而且有重要的发现，他解释这次种种不顺利的原因：

1. 在文化比较落后一点的地方，当然不会有许多受过专业训练的歌者，大概是每个人都会唱，都唱得不大好。优劣既在伯仲之间，这次所找的发音人虽不见得好，再到茶山去找也差不多。

2. 民歌本来就没有什么准确固定的唱法，因人而异，因地而异，即使是同一个人唱也以其兴之所至及歌词略有改异就会随时变更唱法。所以第一位发音人唱唱改改，虽仍不规则，正是田野间天籁式的作风。第二位发音人把曲调预先写完，不过是求其简单化、省事，等他到了田野山林中，一定会自然而然地唱出花腔来。

他认为我这次调查所得的曲调，风格正与我国内地的民歌相合（关于这个问题他已先发表了两篇短文，一篇是1941年写的《抗战歌曲采用民歌风格问题》，一篇是登在南开大学《边疆人文》第3期上的《从我国内地民歌说到边疆歌谣调查》）。音乐是民族精神最真实的表现，由此可知我国内地汉人和茶山人本是一家，茶山人不应该轻信外人的离间挑拨。

经张君这样一讲，我很高兴我不但知道茶山人的语音语法词汇，而且发现和我国内地民歌风格相同的茶山歌，真可算是一种意外收获了。

现在且把我所记的歌谱抄录在下面：

第一首系男女做爱时所唱，董昌绍唱，因用到假嗓，故音域（compass）甚广。

Andante（♩=70−90）

＊表示滑音（appoggiando）

nyang nu nyik law kyaw ri

我 们 在 男女 群聚 时

我 们 在 男女 群聚 时

nyik law layung kyaw ri

在 男 女 群聚 时

在 男 女 欢聚 时

(2)

gawng gyaw ley yaw a wang shang

身体 中间 风和雨 不 进

两 身 契 合 风 不 透

(3)

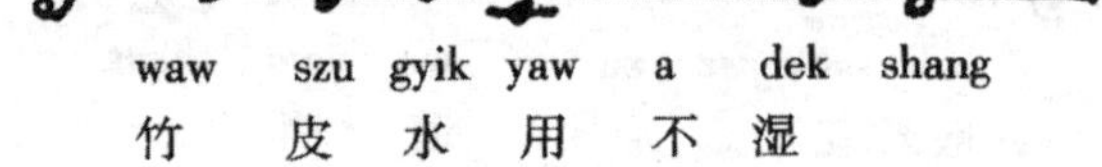

waw szu gyik yaw a dek shang

竹 皮 水 用 不 湿

竹 皮 沾 水 不 着 湿

Tempo I

tung p‘uk ming maw tung p‘uk
蒲 蛮 地 方 蒲 蛮
在 蒲蛮 和 汉 人

ta－he－ ming maw
汉人 地 方
所 住的 地 方

ming myeng ngi show ri mi lik
地方 各处 钱 找 来米勒(蒲蛮地名)
各处 找钱 来 在 米 勒

shing jaw ri nga p‘aw waw mi law
金 找 来 我的 父 村 赶去
找 金 来 我赶向我 父 在的村中

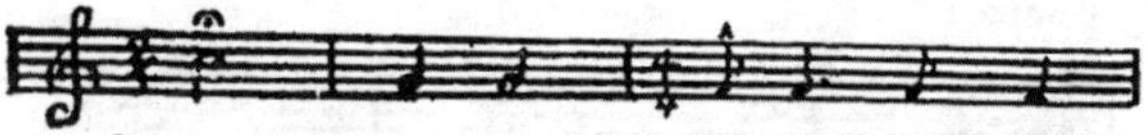

hga　xang　zaw　a－shik　waw　mi

了　人的　儿子　不死的　村　赶

去　——赶　向　人子　不　死的

law　hga　nga mi?　by－ap　mi

去　了　我　的　母　树　赶

村中去　我赶向我母　在　的

law　hga　ngaw?　zaw

去　了　鸟的　儿子

树上去　赶　向

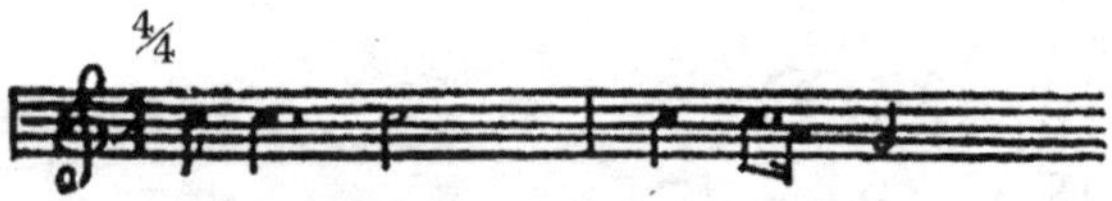

a－shik　by－ap　mi　law　hga

不　死的　树　赶　去　了

雀　雏　不　死的　树上　去

hkyaw saw yawm t'ang yuk law hga
路 走 房子 顶 边 去 了
路 走 到 房 边 了

(4)
gyit gu sheng t'ang k'ap law hga
水 过 湖 边 到(过) 去 了
水 走 到 湖 边 了

（1）或唱作

（2）或唱作

（3）或唱作

（4）或唱作

或

第二首孔科郎所唱的山头歌比较简单，仅新屋落成时男女合唱，共唱四遍，每遍两句，据说上句一人独唱，下句众人齐唱：

Jing p ‘aw mak ‘awn

Andante solo 景 颇 歌

1. chyi law ga wa nau law? ai,
起 声 话 来 很 多 (助词)
2. chyi law ga wa nau lai ai,
起 声 话 来 很 多 (助词)
3. ma ling p'ungaw preng ai law
大树林 树是 直高 (助词) 喽
4. a jan gum din tsaw ai aw
太 阳 圆 高 (助词) 喽

Unison

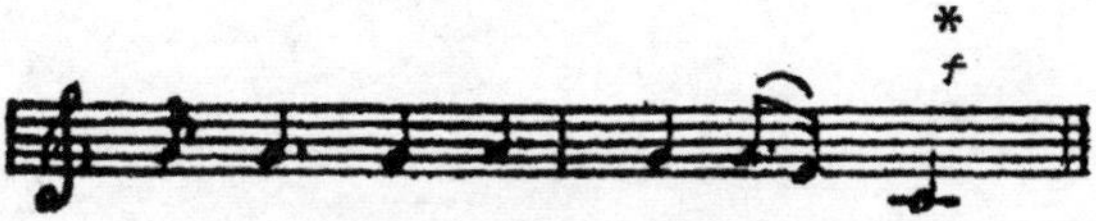

1. k'a shi k'a gai $\overset{n}{\text{ma}}$ gaw ai
水 溪 水 河 弯 (助词)
2. nam na num ru ma nai ai
小树林 里 蔓 草 绕 (助词)
3. ma sha sai mung k'yeng ai law
人 血 也 红 (助词) 喽
4. a shu shan mung law? ai law
野 兽 也 多 的 喽

译　文

其一，说起话来真很多，溪水河水一样弯，

（注，水弯喻人心不好）

其二，说起话来格外多，从生蔓草绕小林，

（注，蔓草亦喻人心不好）

其三，林中大树直且高，人之血赤而红，

（注，树高血红均喻好）

其四，太阳圆而高，野兽众且多，太阳可望不可即，野兽虽多不可得。

附录三　从客家迁徙的踪迹论客赣方言的关系①

（一）客家话和江西话的近似点

在我研究江西临川话的时候，我发现这种方言和客家话有许多类似的地方。若拿临川话和可以代表客家的梅县话来比较，我们可以指出下面几种相同点：

1. 古浊塞声一律变送气的清塞声。古浊塞声并定诸纽，在官话系的方言里，平声变送气的清塞声，仄声变不送气的清塞声。临川话和梅县话却不论平仄一律变送气的清塞声。例如：属于古并纽 b‘ 的“蒲”、“部”，声母都念作 p‘，属于古定纽 d‘的“徒”、“度”，声母都念作 t‘。

① 这篇文章的初稿原来用作《临川音系》的叙论；后来又单独抽出修订，在《中国青年》第7卷第1号上发表过（页83～84，1942）。

2. 古晓、匣两组的合口变f。例如：属于古晓组x的“呼”、“火”、“化”、“忽”等字，属于古匣组的“胡”、“户”、“活”等字，在别的方言里有的都变x，有的都变h。这两种方言把这些字都念成f声母。

3. 保存闭口韵尾-m、-p。例如“贪”、“南”、“三”等字都是-m韵尾。“答”、“杂”、“纳”等字都有-p韵尾。这是和广府话、福佬话相同的现象。

4. 咸、山、蟹三摄在见系声母后残余一、二等分立的痕迹。

照近人所拟的《广韵》音，一等的覃、谈、寒、桓、咍、泰诸韵的主要元音是侈 α，二等蟹、衔、山、删、皆、佳诸韵的主要元音是弇 a。这种分别在多数方言里都混淆了。临川话和梅县话都把“感”、“甘”、“鸽”、“盍”、“干”、“喝”、“官”、“括”、“该”、“盖”等字的主要元音都念成o，把“减”、“监”、“夹”、“匣”、“奸”、“瞎”、“关”、“刮”、“皆”、“佳”的主要元音都念成a。这虽限于在见系声母后边方保存，可是古代侈 α 和弇 a 的分别，总算反映出一点儿遗迹来。

5. 鱼、虞两韵的精组、见系、来组字变i。例如：“居”、“鱼”、“句”、“驱”和“饥”、“尼”、“冀”、“欺”同音，“徐”和“齐”同音，“驴”、“缕”和“黎”、“旨”同音。

6. 侯韵读 ɛu。例如：“头”、“猴”、“口”、“走”的韵母，在外方人听起来颇可以表现这两个方言的特别腔调。

7. 庚、耕、清、青的话音读 ang或 iang。例如：“棚”、“冷”、“生”的韵母，这两个方言的话音都念 ang；“饼”、“井”、“晴”的韵母，这两个方言都念 iang。

这几点是临川话和梅县话近似的地方。可是临川话的章、昌两组字和知、彻两组字同变 t、t‘，以及来组在今齐齿呼的前头变 t 之类，却是梅县话所没有的；梅县话的去声不分阴、阳，声母 n、l 不混，模韵的精组和鱼、虞的庄组韵母变 z，以及宕、江、通三摄的入声保存 -k 尾之类，也显然和临川音不同。然而从音系的全部来看，总算是大同小异的。所以我颇疑心这两种话是同系异派的方言。

固然，要断定两个方言的亲属关系单靠音韵的近似是不够的，除此之外，还得注意到词汇和语法的各方面。可是我现在很想从客家迁徙的历史上找出一线索来。

（二）客家迁徙的动因

客家迁徙的动因，据正史和客族宗谱的记载，在南宋以前主要的有三：第一次是晋永嘉乱后元帝的渡江；第二次是唐僖宗末黄巢起义；第三次是南宋末年元人的南侵。关于这三次迁徙的背景和经过，罗香林在《客家研究导论》中论客家的源流一章已经有详细的记载。[①]他的结论说：

> 客家先民东晋以前的居地，实北起并州上党，西届司州弘农，东达扬州淮南，中至豫州新蔡、安丰；换言之，即汝水以东，颍水以西，淮水以北，北达黄河以至上党，皆为客家先民的居地。上党在今山西长治县境，弘农在今河南灵宝县南四十里境上，淮南在今安徽寿县境内，新蔡即今河南新蔡县，安丰在今河南潢川、固始等县附近。客家先民虽未必尽出于这些地方，然此实为他们基本住地，欲考证客家源流，不能不注意及此。客家先民第一次迁移的途径，远者自今日山西长治起程，渡黄河，依颍水，顺次南下，经汝颍平原，达长江南北岸；或者由今日河南灵宝等地，依洛水，逾少室山，自临汝，亦经汝颍平原达长江南北岸。要之，客家先民第一期的迁移，大抵皆循颍、汝、淮诸水流域，向南行动，这是可从该地自然地理推证出来的。至于第二期的

---

① 参阅《客家研究导论》，页40～58。

迁移，则远者多由今河南光山、潢川、固始，安徽寿县、阜阳等地，渡江入赣，更徙闽南；其近者则径自赣北或赣中，徙于赣南或闽南，或粤北边地。第三期的迁移则多自赣南或闽南徙于粤东、粤北。[①]

此外，清初因为人口膨胀，和咸、同之际因为“土、客相仇”的两次迁徙，都和本题没有什么关系，所以这里不去引它。

（三）客家三次迁徙和江西所发生的关系

现在且把罗君书中和江西移民有关系的材料略加订补，分别叙述如下：

关于第一次迁徙的记载，据《兴宁温氏族谱》说：

我温族发源于山西、河南，子孙蕃衍。逮东晋五胡乱华，怀愍帝为刘渊所掳，我峤公时为刘琨记室。晋元帝渡江，峤公奉琨命，上表劝进。

① 参阅《客家研究导论》，页63～64。

又《崇正同人系谱》“温氏”条：

后峤出镇洪都，子孙因家焉。

又同书“赖氏”条：

今赖氏郡望亦称松阳。遇子匡，显于义熙时。后见晋室凌夷，遂告归。其子硕，字仲方，晋末丁世变，避居南康。

又同书“钟氏”条：

其族皆处中州。东晋末，有钟简者，世居颍州，生三子：长曰善，次曰圣，三曰贤。元熙二年，避寇南迁……贤则徙居江西赣州。

若拿正史来印证，则《晋书·地理志》“司州”条说：

元帝渡江……后以弘农人流寓于寻阳者侨立为弘农郡。

又“扬州”条说：

> 及胡寇南侵，淮南百姓皆渡江。成帝初，苏峻、祖约乱于江、淮，胡寇又大至，百姓南渡者转多，乃于……寻阳侨置松滋郡[①]遥隶扬州。

到安帝时，何无忌以“司州之弘农，扬州之松滋”二郡，寄在寻阳，人户杂居，并宜建督，安帝从之。后又省松滋郡为松滋县，弘农郡为弘农县，并属寻阳郡。《宋书·州郡志》“江州寻阳太守”下也说：

> 江左流民寓寻阳，侨立安丰、松滋二郡，遥隶扬州，安帝省为松滋县。寻阳又有弘农县流寓，（宋）文帝元嘉十八年省并松滋。

徐文范《南北朝舆地表·郡县表》卷十一“东晋浔阳郡”下，参合晋、宋两志说：

---

① 晋松滋故城在今安徽霍邱县东十五里。

元帝侨立弘农郡，成帝侨置松滋、安丰二郡，遥隶扬州。[①]安帝末领松滋、弘农二郡为二县，旋又省安丰郡为县，并属郡。

又《晋书·地理志》“豫州”条：

（孝武）因新蔡县流人于汉九江王黥布旧城置南新蔡郡。

《宋书·州郡志》以南新蔡太守隶属江州，东晋时领有褒信、慎、宋三县，徐文范《南北朝舆地表》依照《宋志》的说法，也把南新蔡郡附在东晋的浔阳郡下。当时为安插河南、安徽一带的流民，既然在浔阳郡所属的地方侨置郡县，可见他们逃到江西的很多了。此外刘铎所修《江西通志·舆地略》论广信的风俗：

信自永嘉东迁，衣冠避地，风气渐开。

又同书“吉安府”条引《通典》说：

---

①《晋书·地理志》“扬州”条原文。

衣冠所萃，文艺儒术为盛，闾阎力役，吟咏不辍。

那么，我们就可以说：东晋永嘉以后，中原流民逃到江西的，北自九江，东至上饶，南经吉安以达赣州、南康，都有他们的足迹。这就是客家第一次迁徙和江西所发生的关系。

自唐僖宗乾符二年（公元875）濮州王仙芝在长垣起义，有众三千余，破曹、濮两州，又扩充了一万多人，声势很大。曹州人黄巢遂和他的徒党八人，募集了几千人来响应仙芝。这两股合起来，转攻河南道十五州，不久就聚集了好几万人。于是分兵进攻淮南道的申、光、安、舒、庐、寿、和、黄、蕲等州，山南道的邓、郢、复、隋、朗等州，江南道的江、洪、岳、潭、宣、润等州。五年（公元878）仙芝牺牲后，尚让率仙芝溃众归黄巢，推黄巢为王，号冲天大将军。从此黄巢率河南、山南两道的百姓十几万，进攻淮南，被官军所阻，乃转入浙东。旋收众逾江西，破虔、吉、饶、信等州，开山伐木，开道七百里，直趋闽西建州。六年（公元879），由别道围福州。旋又出湖、湘，陷桂、管，进攻广州。不幸赶上大瘟疫，部下死亡很多，不得已领众北还。从桂州编大木排，沿湘水，下衡、永，破潭州，进逼江陵，十月遂据荆南，号五十万众。在荆门被曹全晸、刘巨容所败，巢乃渡江东走，部众被俘虏的很多。后来又整顿残部攻入鄂州，转攻江西，再入饶、信、杭州，攻临安，为戍将董昌所败。又回来打宣、歙等十五州，数受挫折，乃退保饶州。乘机再陷睦、婺、宣州，又和仙芝党刘汉宏的残众合起来，渡采石，侵扬州。所过居民逃散，官兵望风而降。广明元年（公元880）九月，全军渡淮，攻申、光、颍、宋、徐、兖、汝等州，十一月攻陷洛阳，进取陕、虢。遂破潼关，入长安，称齐帝。[1]总计黄巢从起义到称帝，中间曾被他进攻的地方，拿现在的省份来算，前后几乎达十省。其中尤以今日河南西南部、湖北东南部、湖南东南和东北两部、广西东北部、广东中部、江西中部北部、福建西北部和北部、安徽西南部、浙江西北部等地方，战事最厉害。这些地方恰好是客家第一次迁徙后所居住的，他们为避免兵灾，只好再向别处奔逃。这时候全国打仗，民无宁居，只有江西东南部（即上饶以南，赣水以东）、福建西南部（即旧汀州八属）、广东东部和北部（即惠、潮、嘉、和、清、南、韶、连各属），侥幸没受战争的祸害。于是东晋永嘉以后迁移到河南西南部、江西中部

① 参阅《旧唐书》贰〇〇下，《新唐书》贰贰五，《黄巢传》。

北部和安徽南部的客家，到这时候就有一大部分迁移到上面所说的乐土。其中有由江西迁到别处的，如始兴《平阳堂饶氏重修族谱》说：

始祖讳元亮，世为饶之鄱阳人，仕唐德宗，晚寓南城（建昌府）。生五子……后遭兵燹，迁徙无常，不能悉数。

始兴《范阳卢氏五修谱》说：

至于有唐，有讳富公者，南京分脉，而迁江右虔州虔化县。富生广，广生卓，卓生光稠公。僖宗乾符二年，王仙芝、黄巢操谋不轨，剽掠州郡，远近震骇。公独以虔、韶二州请命京师，愿通道输贡。……稠公生三子：长希一，次延昌，三孟坚。……益公（延昌八世孙）与县尹公（孟坚八世孙）筮出闽省，令莆田，考满，次永定，属上杭大塘坳瓦子乡而居。

《江西罗氏大成谱》说：

迨下唐僖宗之末，黄巢作乱，我祖仪贞公，至仕隐吉，因家吉丰。长子景新从赣州府宁都州，历数十年，又迁闽省汀州府宁化石壁村，成家立业。

又《崇正同人系谱》“罗氏”条说：

历代相承，繁殖中土。自东晋南渡，罗之族人遂有南来而奠居于江、浙之间者。据《罗氏族谱》称：唐末有铁史公之子景新，因避黄巢之乱，与父分散于虔州，乃迁于豫章，之闽省汀州宁化县石壁洞葛藤村紫源里家焉。

《松口钟氏族谱》说：

向公为江阳（？）太守，时因军乱大变，自颍川逃难，在江西雩都县竹子坝穽窾乡住。后流在福建宁化县白虎村安家乐业。

《崇正同人系谱》“温氏”条说：

至九郎公（原住江西南昌）因避黄巢之乱，转徙闽汀之上杭。

又同书“古氏”条说：

……五代至古蕃（原住洪州），生于唐乾符四年，曾任窦州都监，有子六人，当五季之世，中原扰攘，遂南迁岭表。长曰全交，居古云；次全规，居江下；三全则，居白沙；四全望，居增城；五全让，居惠州；六全赏，居高州。

又胡曦《宋乡贤罗学士遗事考略》引《兴国州罗氏家谱》说：

昌儒（世居豫章）唐昭宗朝进士，官循州刺史，因黄巢乱，道路梗塞，流寓不归。

也有由别处迁到江西南部或东部的，如《崇正同人系谱》“萧氏”条说：

……至三十世孙萧觉，仕唐，值世乱，举族出逃，分居湖广及江西泰和、庐陵等县。

兴宁《吴氏族谱》引其上世《文福公实录》说：

吾祖宣公，随公任，居蜀阆州。……吾祖夫妇有深远之虑，挈眷回籍。于后晋高祖天福元年丙申，时吾年四岁，吾祖年六十有三，偕祖母与父纶公，叔经公、绍公合家渡江，徙今江西抚州府临川县之石井。留二叔经公居此，又与父纶公，三叔绍公，易居江西建昌府南丰县。……时后汉乾祐元年戊申岁九月。

这些客家巨族，或从赣北移到赣南（饶氏），或从赣南移到汀州（廖、卢、罗、钟诸氏），或从赣中移到广东（古氏和兴国罗氏），还有由外省移到赣南或赣东的（萧、吴二氏）：这就是客家第二次迁徙和江西所发生的关系。

在客家第二次迁徙后，将近四百年的光景，元兵大举伐宋，端宗德祐二年（公元1276）二月，临安陷落，帝“率百官拜表祥曦殿，诏谕郡县，使降大元”。五月，陈宜中等立益王昰是于福州，改元景炎。九月，元兵从明州、江西两路进迫。招讨也的迷失会东省兵于福州，元帅吕师夔、张荣实将兵入梅岭。景炎二年（公元1277）正月，元军破汀关，是时宋臣文天祥、张世杰、陈宜中、陆秀夫诸人，犹力谋抵抗；闽、粤、赣的义民也纷纷地起来勤王。于是闽、粤、赣的交界地遂成为双方辗转攻守的场所。向日住在这些地方的客家，或辗转逃窜，流入广东东部、北部；或愤起勤王，随从帝昰、帝昺战死于硐州或崖门[①]：结果遂成了客家的第三次迁移。我们现在从客族谱牒中也发现一些关于当时江西移民的记载。如《五华魏氏谱》说：

三十九（世）淑玉公（原住江西石城县），生四子曰：元，亨，利，贞。时值宋末，天下混乱，有文天祥、陆秀夫、张世杰三人扶宋主在赣州霸截水道。元主起兵二十余万，从建昌而来，杀戮人民，在此经过，是谁敢当？我祖兄弟惊恐流涕，商议只得移别处逃生。以是兄弟行经宁化，不得已号泣分袂，移居三郡。元公至惠州长乐（今五华），为一世开基祖。……亨公迁福建汀州上杭，后迁惠州龙川县。……

兴宁《黄陂曾氏族谱》说：

惇官封鲁国公。宋政和壬辰年，由南丰徙福建宁化县

① 参阅《宋史》肆柒《瀛国公纪》。

石壁下居焉。生子仲辉，辉子桢孙、佑孙，因宋、元兵扰，不能安居，由宁化徙广东长乐县家焉。现居兴宁、梅县、平远、镇平、五华、龙川、惠州、河源、和平、广州、新宁等县之曾姓，皆为此祖之后。

和平《徐氏族谱》说：

吾祖德隆，实积之六世孙。王父曰暄，为宋宁宗时都统，扼于权奸，去位，卜居于豫章之吉水。孙男二：道隆，德隆，均先后为度宗时提刑。解组未几，元兵南下，道隆起兵勤王，力战而父子俱殁。德隆则随宋帝度岭而南。迨宋祚已绝，义不臣元，遂择龙川乌龙镇（案乌龙镇即今和平县）居之。

又《崇正同人系谱》“徐氏”条，述徐氏别派的迁徙经过说：

宋末有徐一郎者，自江西宁都迁福建上杭，其弟二郎迁连城，传五世，曰真人，迁居长乐（今五华）。

又同书“谢氏”条说：

宋景炎年间，有江西赣州之宁都谢新，随文信国勤王，收复梅州，任为梅州令尉，时景炎二年三月也。新长子天祐，遂家于梅州之洪福乡。

又同书“饶氏”条说：

宋末其族人有世居永丰之名四郎者，父为福建汀州推官，丁世变，因家于汀之八角楼。及四郎复迁于潮之神泉乡，即今大埔境。

以上这五姓由赣中或赣南迁移到福建西南部或广东东部北部的，这就是客家第三次迁徙和江西所发生的关系。至于清朝康熙以后，因为人口过剩，再从旧嘉、应、汀、赣各州所属搬到赣西的遂川、万载、萍乡、修水等县的客家，我们现在还不把他计算在内。

由以上这些材料里，我们可以从客家迁徙的踪迹找到他们和江西的关系。再从语音的系统来参证，我们就可以假定一部分江西话可以代表第二期客家所遗留下来的语言。

（四）结论

这个假定虽然只是一个问题的发端，可是很值得有人来继续探讨。我尝说，如果有人把客家问题彻底地研究清楚，那么，关于一部分中国民族迁徙的途径和语言演变的历程，就可以认识了多一半。从事这件工作，一方面固然可以拿语言的系统去推迹民族迁徙的途径，一方面也可以拿民族迁移的历史去联络语言的关系：我这次研究就是一个初步的试验。据罗香林君调查，江西省的纯客住县，还有寻邬、安远、定南、龙南、虔南、信丰、南康、大庾、崇义、上犹等十县，住在这些地方的客族，有从唐、宋时就落籍其地的，也有从明、清以后才由闽、粤搬去的。至于已经知道的非纯客住县，则有赣县、兴国、雩都、会昌、宁都、石城、瑞金、广昌、永丰、万安、遂川、吉安、万载、萍乡、修水、吉水、泰和等十七县，住在这些地方的客族，和湘、赣系的人们错杂居住，交涉很多，可是他们的语言风俗，直到现在还是截然不混。[①] 我觉得，我们现在不但对于罗君所举的"纯客住

① 参阅《客家研究导论》第三章，页94。

县”和“非纯客住县”要一一地调查，就是其他和客家话系统相近的江西方言也得仔细比较，为的是好找出各期客家话的流变，然后进一步再和广东、广西、福建、湖南、四川、台湾等处所有客家话去比较，同时再尽量多搜集客家的宗谱，作为推寻迁徙途径的帮助，那么，整个客家语组的纵横两方面或许就显豁地表现出来。到了那个时候，我这个假定才有证实的希望。

附录四　语言学在云南[1]

英人戴维斯（H. R. Davies）说："在阿萨姆与云南东部边界的地方和这个区域以南的印度支那许多国家，据我所闻，在世界任何部分几乎没有像那样分歧的语言和方言。"（*Yunnan* p. 332）的确，这话并不是夸张，凡是到过这一带地方的都可以证明它靠得住。假使有几个受过训练的语言学家在这个区域里花上他们的半生精力，也会有取之不尽用之不竭的材料。

自从1938年春天国立中央研究院历史语言研究所和国立北京大学文科研究所相继搬到昆明，一部分研究语言的人，一方面想尽量发掘这块语言学的黄金地，一方面感觉图书仪器缺乏，别项工作不易进行，都打算利用当前环境做一点垦荒事业。五年以来，由两三个中年人领导几个青年人，在交通梗

① 这篇文章初稿原在《边政公论》第9、10期合刊发表（1943，重庆）。

阻、生活高涨、经费拮据、印刷困难的情境之下，大家咬紧牙关也还做了些工作。本文就是把几年工作状况作一篇简单报告，以自勖励，并就正于国人。

我们这几年的工作可以分作五纲四十一目来报告：

（一）汉语研究

云南的汉语属于西南官话的一支，音系简单，和北部官话相近。声调只有阴平、阳平、上声、去声四类。入声大部分变阳平，但有少数方言自成一类。我们初到昆明时候，因为这种方言和国语近似，都鼓不起系统研究的兴趣来，所以在1938年、1939年两年只有零零碎碎的研究而没有大规模的调查。后来我觉得调查方言不应专注意音韵近古和词汇特殊等观点，主要还得充实方言地图，确定“同音圈线”（isogloss）。全国有一个地方没经过精确的科学调查，那么，方言地图上那一角终究是个缺陷。因此我建议历史语言研究所当局应该利用眼前的机会，因利乘便地做一次云南全省方言调查。于是1939年先印成了“281”式调查表格，第二年这个计划便全部实现了，现在把这几年里我所记得的工作列举于下：

1. 昆明话和国语的异同，罗常培，1938年，已在《东方杂志》第38卷第3号发表。

这篇文章是根据一个十五岁小学生叫做朱炯的发音记录整理出来的。内容对于声母提出：① 尖团不分，② ㄓㄔㄕ三母读音，③ ㄖ母读音，④ ㄋㄌ两母不混四点；对于韵母提出：① 撮口呼变齐齿呼，② 复元音的单元音化，③ ㄢㄤ两韵尾的失落，④ ㄣㄥ两韵尾的失落，⑤ 国语ㄧㄣ和ㄧㄥ因韵尾失落而变为同韵，⑥ 国语ㄧㄢ和ㄩㄢ两韵变成同韵，⑦ ㄛ韵的圆唇程度略减，⑧ ㄥ韵在唇声字后主要元音的圆唇程度加强等八点；对于声调阴、阳、上、去四类的曲线异同也列了一个对照表。

2. 保山话记音，董同龢，1938年，未发表。

没有到云南以前看到《云南外史》小说里记载杜文秀京腔一段故事就引起我对于保山话的注意。到昆明后，有的说保山话像南京话，有的说保山话像北平话，更加引起我们探索的兴趣来。为解决这个疑问，于是由董同龢请了一位保山张君来记音，并灌制了音档。结果证明保山话同南京、北平话只是相近，并不相同。

3. 洱海沿岸四县方言调查，陈士林，1939年，国立北京大学中国文学系毕业论文，未发表。

此文包括大理、凤仪、宾川、邓川四个单位，每单位记录它的音系、同音字汇和古今音比较等项。最大的发现是邓川入声的调值虽然极近阳平，却自成一个独立的音位。

4. 蒙自同音字汇，詹锳，1939年，国立北京大学中国文学系毕业论文，未发表。

此文根据1929年历史语言研究所印行的三千字方言调查表格记音，在同音字汇以前，对于音韵系统和古今异同也有详细的叙述。

5. 云南全省方言调查，丁声树，董同龢，杨时逢，1940年，总报告尚未发表。[①]

这是历史语言研究所在抗战期间第一次大规模的方言调查，和以后的四川方言调查可以媲美。这次除去记音还灌制了许多音档。他们所调查的单位计有：

昆明（城），嵩明（城，本纳克村），晋宁（清和乡），昆阳（城），富民（城），玉溪（杯湖村，新民村，朱帽营），呈贡（江尾村），澂江（代村），易门（新城），通海（城），河西（汉邑），泸西（城），开远（城），蒙自（大屯），峨山（城），路南（西能村，城），弥勒（城），罗平（乐

① 编者按：杨时逢等《云南方言调查报告（汉语部分）》已于1969年在台北作为史语所专刊之五十六出版。

崖村，富罗街，城），宜良（城，文兴乡），陆良（静宁街），建水（城），石屏（城，宝秀镇），个旧（城），屏边（城），文山（城，平坝街，砚山乡），永平（城），宁洱（凤阳镇），缅宁（城），思茅（城），元江（迤萨），墨江（碧溪镇），景东（城），镇康（明朗街），顺宁（永和村），耿马，马关（新华镇），武定（城），元谋（城，上雷窝村），云县（新城，大寨村），安宁（城），禄丰（城），镇南（城），楚雄（城），弥渡（城，阮家营），蒙化（城），大姚，姚安（城），祥云（左所），凤仪（上锦场），宾川（挖色），大理（城），邓川（中所，下江尾），洱源（龙门村），鹤庆（城），剑川（城），漾濞（城），兰坪（中和村），华坪（城），盐津（普洱渡），盐兴（黑井），云龙（石门井，诺邓井），丽江（玉龙关），维西（桥头村，叶枝村），保山（城），腾冲（城，九保镇），龙陵（城，镇安所），镇沅（按板井），潞西（猛戛），澜沧（募乃），罗次（城），曲靖（城），沾益（文化乡），禄劝（城，万希古村），寻甸（疑庄），马龙（张家屯），宣威，平彝（城），永胜（城，马军乡），巧家（城），会泽（城），昭通（城），大关（城），绥江（城，关口镇），江川（龙街），师宗（设业村），双柏（城），富宁（剥隘），华宁（城），昌宁（达丙镇），牟定（城，施大路），西畴（畴阳新街），镇雄（仁和乡），永善（井舍），新平（城），丘北（太平镇），永仁（大田，仁和镇），广南（城，珠琳乡），广通（西村，溯溪乡）。

一共九十八县，一百二十三单位，除去几个边远荒僻的县份，大概都有了代表。此外，1939年方师铎曾受管理中英庚款董事会的协助赴车里、佛海一带去调查，他的报告里有几县可补前面的不足。

（二）台语研究

提到台语研究，我们首先得推崇李方桂。他在1931年，先到暹罗住了八个月，后来又到广西的龙州、武鸣一带调查[①]；1942年再到贵州、广西调查仲家语、侗语、莫语、羊黄语等。现在综合他所收获的材料，已经够作比较研究的了。在

① 编者按：李方桂《龙州土语》1940年作为史语所单刊甲种之十六，由上海商务印书馆出版。《武鸣僮语》1953年由中国科学院语言研究所在上海商务印书馆作为内部参考资料印刷，1956年作为史语所单刊甲种之十九在台北出版。《莫话记略》1941年作为史语所单刊第二十种初版印行，1948年又收在《史语所集刊》第十九本。

抗战以前，他本有到云南来的计划，后来因故中辍，只在南京找到一位整董摆夷发音人，得到不少材料。1940年历史语言研究所没搬到李庄以前，他又在昆明调查了一次剥隘的土语。假使史语所不搬家，我想他对于云南的台语一定有大量的收获。现在把李先生和其他的工作列举如下：

6. 整董摆夷语研究，李方桂，1936年，未发表。

1935年陶云逵到云南来的时候曾替李先生物色了一位整董土司子弟赵映品带回南京。（按：整董属云南南部江城县）后来李先生请他发音，记录了许多故事和词汇，并灌制音档。陶先生也得到不少有关摆夷历史和文化的材料。

7. 剥隘土语调查，李方桂，1940年，未发表。[①]

剥隘是云南富宁县的一个小村庄，地点毗连广西，所说的土语属于台语系。1940年秋天由马学良替李先生找到一位会说土语的中学生。李先生曾经在龙泉镇花了两月的工夫记录他的语言，并灌制了音档。

8. 盈江摆夷语词汇，张琨，1939年，未发表。

张君受管理中英庚款董事会协助，在中央政治学校大理分

① 编者按：《剥隘土语》1951年在台北《史语所集刊》第二十八、二十九本发表。龙州土语、武鸣僮语、剥隘土语都是壮语方言。

校里找到一个盈江的摆夷学生，花去两个月工夫去调查他的语言，这篇便是张君的调查报告。全文共收一千余词，依照摆夷语音次序排列。

9. 莲山摆夷语文初探，罗常培，1942年2月，未发表。[①]

著者第一次到大理旅行，在国立大理师范学校的边疆学生中找到一个莲山摆夷学生名叫李曰恒。莲山现在属腾冲县，就是旧盏达土司所属地。李生通摆夷文字。我先把所谓“方文字母”的音值记出来，然后记录了一千多个字汇，二十几段会话，每词每句都并列着摆夷文字和国际音标注音。可惜李生不会讲长篇故事，所得的材料只限于这些词汇和会话而已。

10. 云南罗平县境内台语，邢庆兰，1942年，未发表。

罗平位于盘江南岸，和广西的棒鲊接壤。[②]县境内有一种说台语的部族，当地人称他做水户，或老水，细分起来，可分为两类：流行于喜旧溪和块泽河流域的叫仲家语。这一族旧《罗平县志》称为沙人。流行于八河和多衣河流域的叫侬语。仲语区域，山高泉多，气候爽朗，汉人移居的极多，所以

① 编者按：本书已于1950年由北京大学出版部出版，现收入《罗常培文集》第四卷。

② 编者按：棒鲊现归贵州省兴义市，其语言属布依语第一土语（据喻世长等《布依语调查报告》，1959年，科学出版社）。

仲人汉化程度也极深。他们的语言除去老人还会讲外，差不多快要消亡了。依语区域，高山夹峙，森林茂密，地湿雨多，水毒瘴烈，汉人不敢移住，所以他们的语言仍很流行。邢君所得的材料共有词汇三千多，长篇谈话共有《生活谭》两篇，《风俗谭》三篇，亲属制度一篇，故事和传说三篇。

11. 漠沙土语调查，邢庆兰，1943年2月，未发表。[①]

漠沙是红河上游花腰摆夷的坝子（属云南省新平县）。那年2月间邢君受南开大学文学院边疆人文研究室的委托，到这里调查，所得材料有民间故事和神话二十余则，翻译故事和风俗琐谈十余则，民歌若干首。

12.元江水摆夷语调查，邢庆兰，1943年5月。

邢君在4月底结束花腰摆夷语调查后，继续到元江。元江是水摆夷的中心，所得结果，尚待续报。

---

① 编者按：这一调查稿经1980年复查修订，已由语文出版社于1989年出版，书名《红河上游傣雅语》。

（三）藏缅语研究

云南境内的藏缅语族，共有倮倮、西番、藏人、缅人、山头五支，我们这几年内，除去藏人支外都做过一两种调查，现在分别列举如下：

13. 蒙自附近的一种倮倮语研究，傅懋勣，1939年。

国立北京大学中国文学系毕业论文，中央研究院历史语言研究所《人类学集刊》第1卷第2期。

这是傅君根据他所记蒙自中学学生张某的语言整理而成的。全文分音韵、语法、词汇三部分，已由吴定良收入他所主编的《人类学集刊》。

14. 利波语研究，傅懋勣，1940年，已送*Harvard Journal of Asiatic Studies*，尚未发表。

利波是倮倮的一个支名，傅君在华中大学中国文学系任教时，曾受哈佛燕京社资助研究这种语言。原稿是用英文写成的。

15. 昆明附近的一种散民语，傅懋勣，1941年，已送*Harvard Journal of Asiatic Studies*，尚未发表。

散民是倮倮族的支名，或称撒尼。此篇也是傅君在华中大学时研究工作之一，原稿系用英文写成。

16. 撒尼倮语语法，马学良，1941年，国立北京大学文科研究所毕业论文。[①]

撒尼是倮倮族的支名，他们居住的区域，以云南的路南、宜良、泸西、陆良等县和昆明近郊的几个村落较多。本文的材料是由路南县黑尼村得来的，黑尼村在路南县城东南三十里，这里的居民全是撒尼。马君所找的发音人叫张元昌，全部工作历时四个月，除将邓明德（Paul Vial）的《倮语字典》增补了许多词汇外，又记录了五十余则故事和若干条风俗琐谈及谜语。这部语法只有全部工作的一半，还有词汇和故事两部分没有整理出来。

17. 寻甸、禄劝两县黑夷语文调查，马学良，1941年，未发表。

1941年冬天，中央研究院历史语言研究所派马君从李庄到云南调查黑夷的语言文字，历时一年，经过了寻甸、禄劝两县。他所得的材料，在语言方面记录了寻甸记戛哨、洗马宁两村和禄劝安多康村等三种方言，除将它们的音系理出外，还记

---

① 编者按：后改名《撒尼彝语研究》，1951年作为中国科学院语言所语言学专刊由商务印书馆出版。

了一些古诗歌和长篇故事。关于文字方面，他先在寻甸和一个粗识文字的毕摩学了九百多个夷字，后来又到禄劝县找到一个学识很好的老毕摩学习半年多，把十部夷文经典翻译成汉文，还作了一部将近两千字的《夷文字典》。此外他又把所搜集的一千多部夷文经典编成一部目录提要，每部经典底下说明经文大意和巫师应用这部经典的步骤。附带着他又调查了许多礼俗，搜集了许多和礼俗有关的文物。

18. 昆明黑夷语研究，高华年，1942年，国立北京大学文科研究所毕业论文，其中的语法一部分，已经由南开大学边疆人文室油印。[①]

1941年秋，高君在昆明第八区乐亩堡核桃箐村找到一位黑夷发音人杨富顺，花了四个月工夫，记录了三十几则故事，两千多个词汇。后来他就根据这批材料写成本文。内容分音系、借字、语法、词汇四部分。借字一章在全文中最为精彩。

19. 新平扬武坝纳苏语调查，高华年，1942年，未发表。

1941年暑假高君受南开大学文学院边疆人文研究室的委托

① 编者按：后改名《彝语语法研究》，末附《纳苏语中汉语借词研究》，于1958年11月由科学出版社出版。

到新平县属的扬武坝去调查。这篇报告便是他所得到的材料之一。纳苏译言黑人，实在就是黑夷自称的族名。但这种语言和昆明附近的黑夷语稍有方言上的差别，它分布的区域很广，从玉溪到新平的倮倮差不多都说这种语言。高君除理出它的音系和语法要点外，并且还学习了许多夷字。这部分夷字和路南、寻甸、禄劝等处的异同是颇值得注意的。

20. 新平扬武坝附近的窝尼语，高华年，1942年，未发表。[①]

窝尼也属于倮倮支，他们分布在元江、墨江、峨山、新平、江城、宁洱一带和巴边江沿江高山上。这部分材料也是1942年夏天高君从扬武坝得来的。窝尼语的声母没有全浊塞音，但韵母却有舌根鼻尾，语法和黑夷语或纳苏语没有多大的出入，只有代词的主格宾格异式比较特别一点儿。

21. 峨山窝尼语初探，袁家骅，1943年。

1943年8月袁君到峨山调查，在脚落村和阿宝珠村找到两位窝尼发音人：一位名李永开，年四十七岁，善讲故事，对于音义颇能识别；一位名林荩臣，年六十岁，前清秀才，汉化甚

---

① 编者按：后改成《扬武哈尼语初探》，发表于《中山大学学报》1955年第2期。

深，是窝尼族人。所得材料一共有一千四百多个语词，十七篇故事，是从两位发音人参酌决定的。他发现这语言的特点：①没有全浊声母；②复元音很丰富，和黑夷语显然不同；③有六个声调，变调可起语法作用；④有连词音变的现象。全文已经在南开大学《边疆人文》第4卷发表。另有《窝尼语音系》一文在《学原》第1卷第12期发表。

22. 记傈僳语音兼论所谓傈僳文，芮逸夫，1939年。

傈僳也属于倮倮支，他们分布在云南西北毗连康藏的高原地带和云岭雪山、碧罗雪山、高黎贡山的几个山巅。这篇文章已在中央研究院历史语言研究所《人类学集刊》第1卷第2期发表，是芮君1935年冬天到1936年春天参加中英会勘滇缅南段界务时所得到的材料。他在离耿马土司城大约二十里一个叫做大平石头的地方，找到两个傈僳发音人，跟他们记了三百多个单词，几十句简单话，并搜得西洋教士所编的傈僳语音系统，共有二十八个辅音，十个单元音，五个复元音，六个声调，并且指出这个语言的四个特点：①单音节；②有声调；③全无韵尾辅音；④所借含有鼻韵尾的汉字大多数变鼻化元音。最后他比较傅能仁（J. O. Frazer）氏和其他两种所谓傈僳文，而加以批评。

23. 福贡傈僳语初探，罗常培，1942年2月，未发表。

1942年春天著者第一次旅行大理时，在大理师范学校的边疆学生里找到一位福贡的孙建廷。他是傈僳人，能说傈僳话，并且会写傅能仁所造的傈僳字母。我请他做发音人，记录了一千多个词汇和几段长篇谈话。全稿已整理完竣。

以上九种工作都属倮倮支。

24. 丽江么些语[①]调查，罗常培，1940年，未发表。

1940年春天，著者在昆明找到云南大学学生丽江周汝冕君做发音人，记录了十几则故事，几首歌谣，后来因周君返里，工作中辍。现在已就既得材料整理成篇，即可付印。

25. 维西么些语研究，傅懋勣，1942年，已发表在《华西大学文化研究所集刊》第1卷第4期（1940）和第2卷（1941）。

1941年春季傅君在华中大学任教时，曾在中央政治学校大理分校找到一位维西县会说么些语的学生，这篇文章就是用那时所记的材料整理而成的。全文分上下两篇，上篇讲音韵，因在上海印刷，内地还没见到；下篇在成都付印，用罗马字代替国际音标。其中关于么些语法的几个观点已经比法人Bacot进步多了。

---

① 编者按：么些语，又写作么岁，今称纳西语，据后来研究，与上述倮倮支均属彝语支。

26. 贡山俅语初探，罗常培，1942年8月，北京大学文科研究所油印本。[①]

1942年2月著者到大理旅行，在大理师范学校的边疆学生里找到一位会说俅子语的孔志清，于是费了五十几个小时的工夫，记录了七百多个字汇，几段长篇谈话，返昆明后整理成篇。内容分：① 引言；② 音系概略；③ 语法一斑；④ 俅语的系属；⑤ 日常会话；⑥汉俅词汇。

27. 贡山怒语词汇[②]，罗常培，1942年，未发表。

这篇材料是自大理师范学校的怒子学生杨震昌，他的父亲是鹤庆人，母亲是怒子。因为他年纪太轻，不会讲故事，所以除去记录了将近一千个常用词汇外，没有旁的材料。

以上四种工作都属西番支。

28. 茶山语调查，罗常培，1943年，未发表。

著者1943年第二次到大理旅行，带回两位茶山人（Achit），一个是片马董昌绍，一个是噬戛孔科郎。他们会讲茶山、浪速、山头三种土语，兼通缅文，略懂英语。我留

---

① 编者按：后发表于北京大学《国学季刊》第7卷第3期，1952年。俅语今称独龙语，有可能属藏缅语族的北部语群。

② 编者按：贡山怒语在20世纪50年代以后深入调查研究后被确定为独龙语的怒江方言。这份材料现在收入《罗常培文集》第四卷。

他们在昆明住了两个半月，记录了二十几则故事，十二课会话，两千多个词汇，附带还得到浪速和山头两种材料。

29. 浪速语调查，罗常培，1943年，未发表。

浪速（Maru）和茶山是姊妹语言，音韵稍有不同，语言没什么大分别。这篇材料共有五则故事，十二课会话，一千多个词汇，也是从董昌绍、孔科郎两位间接得来的。

以上两种工作属于缅人支。

30. 山头语调查，罗常培，1943年，未发表。

山头人旧称野人，也叫做“卡钦”（Kachin），片马一带又叫他们做“蒲蛮”，我恐怕和孟吉蔑族的蒲蛮相混，所以还叫做山头人。[①]他们分布在怒江和大金沙江中间，就是云南西北部滇缅交界的地方。这种语言比茶山、浪速较为通行，并且有美人韩孙（O.Hanson）所造的字母可印书报。董昌绍、孔科郎两位都精通山头话，我从他们记录了十则故事，十二课会话，一千多个词汇，并且把韩孙的拼音法式稍加增订。

此种工作属山头支。

---

① 编者按：今称景颇族。经过20世纪50年代以后的研究，景颇语当属汉藏语系藏缅语族。

（四）民家语[①]研究

关于民家的系属，有的说属孟吉蔑族，有的说属摆夷，有的说属倮倮，有的说属卡伦。照我看是夷汉混合语，所羼杂的成分以藏缅语属占多数，不过有百分之七十已经汉化了。我到大理旅行，主要目的是为调查民家话。

在喜洲华中大学住了两个礼拜，得了不少材料，可惜几年来被旁的事纠缠还没能整理就绪。现在先列举其目如下：

31. 兰坪拉马语调查，罗常培，1942年，未发表。

余庆远《维西见闻纪》夷人章云："那马本民家，即僰人也。浪沧弓笼皆有之。地界兰洲，民家流入，已莫能考其时代，亦多不能自记其姓氏，么些谓之那马，遂以那马名之。语言实与民家无异。"照这样说来，拉马就是民家了。1942年2月，我在大理师范学校找到一个拉马学生杨根钰记了许多词汇，并且问了问语法要点。他说汉语时虽然自认为拉马人，但用土语说时却是"白子人"。所以，照我看，拉马

① 编者按：民家语今称白语。

是没汉化的白子，民家是已汉化的白子，实际是同源的。

32. 大理民家语调查，罗常培，1942年，未发表。

关于大理民家话，我一共记了三个单位：① 喜洲，发音人董学隆、杨国栋、张师祖；② 上甸中，发音人洪汉清；③ 上马脚邑，发音人赵延寿。其中以喜洲的材料为多，除去词汇外还记了许多民歌和故事。

33. 宾川民家语调查，罗常培，1942年，未发表。

这部分材料的发音人名叫杨文彬，是五台中学的学生，他的籍贯虽属宾川，但只住在喜洲对岸的康廊乡，所以和喜洲话没有什么大不同的地方。

34. 邓川民家语调查，罗常培，1942年，未发表。

这部材料的发音人叫杨金镛，也是五台中学的学生。

35. 洱源民家语调查，罗常培，1942年，未发表。

发音人李月超，五台中学学生。洱源和邓川都有浊塞声母，和大理、宾川不同。

36. 鹤庆民家语调查，罗常培，1942年，未发表。

发音人陈增培，五台中学学生。

37. 剑川民家语调查，罗常培，1942年，未发表。

在我到大理去以前，曾经找到一位云南大学注册组织员杨绩彦和一位中法大学学生王光闾。他们都会讲剑川民家话，我只调查了几次便到大理去了。到大理后，我又请了大理师范学校的学生赵衍孙做发音人，他是《白文考》著者赵式铭的孙子。

38. 剑川民家故事记音，袁家骅，1942年，未发表。

我第一次在昆明调查剑川话时，袁先生也颇感兴趣，参加记音。后来我到大理，他便请王光闾君继续发音，一共记了十几则故事，后来又请了一位云南大学学生张纪域复核一次。袁先生的治学态度很谨严，他所得的结果一定很精确。

39. 云龙民家语调查，罗常培，1942年，未发表。

发音人杨绍侯，大理师范学校学生，后来在云南大学读书。

40. 泸水民家语调查，罗常培，1942年，未发表。

发音人段隽中，大理师范学校学生。

（五）苗语研究

云南境内说苗语的人多散处在各山地间，因为发音人不易寻求，这几年内我们只作了一种：

41. 峨山青苗语调查，高华年，1943年。[①]

---

① 编者按：后写成*The Phonology of Qing-miao*，发表于《中山大学学报》1982年第4期，文章前面有中文提要。

1943年8月高君受南开大学边疆人文研究室的委托，在峨山化念乡莫右村找到一位青苗发音人，一共记了两千多个语词，二十个故事，二十首山歌。他发现这个语言的特点：① 舌根和小舌的塞音分成两套，② 有鼻音和塞音合成的声母，③ 有复辅音，④ 鼻音、边音、擦音也有送气音，⑤ 有八个声调，但两个短调可以并在长调内。

以上五纲四十一目是我们这几年来对于云南语言研究的工作概况，参加工作的直接间接都跟我和李方桂先生有关系。将来希望每人专攻一个支系，然后拼起来再作综合的研究。可惜属于孟吉蔑族的蒲蛮语和瓦崩龙语，因为不能深入“葫芦王区”，又找不到适当的发音人，这几年一直没能开始工作。这实在是很大的遗憾。此外，张琨1939年在大理时，也得到一些民家话和俅子话的材料，原稿均缴存管理中英庚款董事会，一时无从检寻，所以没来得及列入。闻在宥在云南大学任教时，听说也搜集了一些民家、倮黑、么些、摆夷的材料，可惜全文尚未发表，所以本篇暂不论列。

最后，我想拿一个故事作结：费孝通先生在《关于功能派文化论》里说他老师马林诺夫斯基（B.Malinowski）教授当第一次“欧洲战起正在新几内亚之北，所罗门岛之西的一个叫做Trobriand小岛上工作。他既是波兰籍，是协约国敌人中的朋友，所以除了不能自由离境外，他在土人中仍可继续工作下去。这个战事无意中玉成了他实地研究的素志，而 Trobriand 小岛也就成了功能派人类学的发祥地”。自然我们现在的处境有许多地方还和马教授不同；可是，自从抗战以来留在后方的云南，一住六年，因为道义、人情、交通、经济种种约束，不能或不肯“自由离境”，却是真的。那么，我们何妨仿效马教授在 Trobriand 岛上的精神，充分利用现在的条件，尽量搜集这块土地上所有的语言材料，给汉藏语系的比较研究奠定了基石，岂不给中国语言学史添了一张新页吗？

1943 年 5 月 21 日于昆明青园

国家新闻出版广电总局
首届向全国推荐中华优秀传统文化普及图书

‖大家小书书目

经典常谈	朱自清　著
语言与文化	罗常培　著
习坎庸言校正	罗　庸　著　杜志勇　校注
鸭池十讲（增订本）	罗　庸　著　杜志勇　编订
古代汉语常识	王　力　著
国学概论新编	谭正璧　编著
文言尺牍入门	谭正璧　著
日用交谊尺牍	谭正璧　著
敦煌学概论	姜亮夫　著
训诂简论	陆宗达　著
金石丛话	施蛰存　著
常识	周有光　著　叶　芳　编
文言津逮	张中行　著
中国字典史略	刘叶秋　著

古典目录学浅说　　来新夏　著
闲谈写对联　　白化文　著
怎样使用标点符号（增订本）　　苏培成　著

诗境浅说　　俞陛云　著
唐五代词境浅说　　俞陛云　著
北宋词境浅说　　俞陛云　著
南宋词境浅说　　俞陛云　著
人间词话新注　　王国维　著　滕咸惠　校注
苏辛词说　　顾　随　著　陈　均　校
诗论　　朱光潜　著
唐诗杂论　　闻一多　著
诗词格律概要　　王　力　著
唐宋词欣赏　　夏承焘　著
槐屋古诗说　　俞平伯　著
词学十讲　　龙榆生　著
词曲概论　　龙榆生　著
中国古典诗歌讲稿　　浦江清　著
浦汉明　彭书麟　整理

唐人绝句启蒙	李霁野　著
唐宋词启蒙	李霁野　著
古典文学略述	王季思　著　王兆凯　编
古典戏曲略说	王季思　著　王兆凯　编
唐宋词概说	吴世昌　著
宋词赏析	沈祖棻　著
道教徒的诗人李白及其痛苦	李长之　著
闲坐说诗经	金性尧　著
陶渊明批评	萧望卿　著
舒芜说诗	舒　芜　著
名篇词例选说	叶嘉莹　著
唐诗纵横谈	周勋初　著
楚辞讲座	汤炳正　著 汤序波　汤文瑞　整理
好诗不厌百回读	袁行霈　著
山水有清音 ——古代山水田园诗鉴要	葛晓音　著

门外文谈	鲁　迅　著
我的杂学	周作人　著　张丽华　编
论雅俗共赏	朱自清　著
文学概论讲义	老　舍　著
中国文学史导论	罗　庸　著　杜志勇　辑校
给少男少女	李霁野　著
鲁迅批判	李长之　著
英美现代诗谈	王佐良　著　董伯韬　编
三国谈心录	金性尧　著
夜阑话韩柳	金性尧　著
英语学习	李赋宁　著
漫谈西方文学	李赋宁　著
历代笔记概述	刘叶秋　著
笔祸史谈丛	黄　裳　著
古典诗文述略	吴小如　著
有琴一张	资中筠　著
鲁迅作品细读	钱理群　著
唐宋八大家 ——古代散文的典范	葛晓音　选译

红楼梦考证	胡　适　著	
《水浒传》与中国社会	萨孟武　著	
《西游记》与中国古代政治	萨孟武　著	
《红楼梦》与中国旧家庭	萨孟武　著	
《金瓶梅》人物	孟　超　著	张光宇　绘
水泊梁山英雄谱	孟　超　著	张光宇　绘
《红楼梦》探源	吴世昌　著	
《西游记》漫话	林　庚　著	
细说红楼	周绍良　著	
红楼小讲	周汝昌　著	周伦玲　整理
曹雪芹的故事	周汝昌　著	周伦玲　整理
古典小说漫稿	吴小如　著	
三生石上旧精魂——中国古代小说与宗教	白化文　著	
《金瓶梅》十二讲	宁宗一　著	
古体小说论要	程毅中　著	
近体小说论要	程毅中　著	
文学的阅读	洪子诚　著	
中国戏曲	么书仪　著	

中国史学入门　　顾颉刚　著　何启君　整理

秦汉的方士与儒生　　顾颉刚　著

三国史话　　吕思勉　著

史学要论　　李大钊　著

中国近代史　　蒋廷黻　著

民族与古代中国史　　傅斯年　著

五谷史话　　万国鼎　著　徐定懿　编

民族文话　　郑振铎　著

史料与史学　　翦伯赞　著

唐代社会概略　　黄现璠　著

清史简述　　郑天挺　著

两汉社会生活概述　　谢国桢　著

中国文化与中国的兵　　雷海宗　著

两宋史纲　　张荫麟　著

明史简述　　吴　晗　著

北宋政治改革家王安石　　邓广铭　著

从紫禁城到故宫

——营建、艺术、史事　　单士元　著

史学遗产六讲　　白寿彝　著

司马迁之人格与风格	李长之　著
司马迁	季镇淮　著
唐王朝的崛起与兴盛	汪　篯　著
二千年间	胡　绳　著
论三国人物	方诗铭　著
考古发现与中西文化交流	宿　白　著
中国古代国家的历史特征	张传玺　著
艺术、神话与祭祀	张光直　著 刘　静　乌鲁木加甫　译
中国古代衣食住行	许嘉璐　著
中国古代史学十讲	瞿林东　著
黄宾虹论画	黄宾虹　著
中国绘画史	陈师曾　著
和青年朋友谈书法	沈尹默　著
中国画法研究	吕凤子　著
桥梁史话	茅以升　著
中国戏剧史讲座	周贻白　著
俞平伯说昆曲	俞平伯　著　陈　均　编

新建筑与流派	童　寯　著
论园	童　寯　著
拙匠随笔	梁思成　著　林　洙　编
中国建筑艺术	梁思成　著　林　洙　编
沈从文讲文物	沈从文　著　王　风　编
中国画的艺术	徐悲鸿　著　马小起　编
中国绘画史纲	傅抱石　著
中国舞蹈史话	常任侠　著
海上丝路与文化交流	常任侠　著
世界美术名作二十讲	傅　雷　著
中国画论体系及其批评	李长之　著
金石书画漫谈	启　功　著　赵仁珪　编
吞山怀谷 ——中国山水园林的艺术	汪菊渊　著
中国古代音乐与舞蹈	阴法鲁　著　刘玉才　编
梓翁说园	陈从周　著
旧戏新谈	黄　裳　著
民间年画十五讲	王树村　著　姜彦文　编
民间美术与民俗	王树村　著　姜彦文　编

长城史话	罗哲文　著
中国古园林概说	罗哲文　著
现代建筑奠基人	罗小未　著
世界桥梁趣谈	唐寰澄　著
如何欣赏一座桥	唐寰澄　著
桥梁的故事	唐寰澄　著
园林的意境	周维权　著
万方安和 ——皇家园林的故事	周维权　著
现代建筑的故事	吴焕加　著
中国古代建筑概说	傅熹年　著
国学救亡讲演录	章太炎　著　蒙　木　编
简易哲学纲要	蔡元培　著
大学教育	蔡元培　著 北大元培学院　编
老子、孔子、墨子及其学派	梁启超　著
中国政治思想史	吕思勉　著
天道与人文	竺可桢　著　施爱东　编

春秋战国思想史话	嵇文甫　著	
晚明思想史论	嵇文甫　著	
新人生论	冯友兰　著	
中国哲学与未来世界哲学	冯友兰　著	
谈美书简	朱光潜　著	
中国古代心理学思想	潘　菽　著	
民俗与迷信	江绍原　著	陈泳超　整理
佛教基本知识	周叔迦　著	
儒学述要	罗　庸　著	杜志勇　整理
希腊漫话	罗念生　著	
佛教常识答问	赵朴初　著	
大一统与儒家思想	杨向奎　著	
孔子的故事	李长之　著	
西洋哲学史	李长之　著	
乡土中国	费孝通　著	
社会调查自白	费孝通　著	
经学常谈	屈守元　著	
墨子与墨家	任继愈　著	
汉化佛教与佛寺	白化文　著	
中西之交	陈乐民　著	

出版说明

“大家小书”多是一代大家的经典著作，在还属于手抄的著述年代里，每个字都是经过作者精琢细磨之后所拣选的。为尊重作者写作习惯和遣词风格、尊重语言文字自身发展流变的规律，为读者提供一个可靠的版本，“大家小书”对于已经经典化的作品不进行现代汉语的规范化处理。

提请读者特别注意。

北京出版社